AF359627

MAISON D'ÉDITION A. DE BOECK, BRUXELLES

LE

CONGO BELGE

Initiation à la colonisation nationale

PAR J. BERTRAND

Professeur de Géographie

Un vol. in-8° (23 × 15 1/2 c/m) de 160 pages, illustré de 71 vues photographiques et de 32 cartes, cartogrammes et diagrammes dans le texte, comportant deux cartes en couleurs hors texte, à l'échelle de 1 à 10,000,000 (24 × 27 centimètres) : Pl. I. Le Congo physique — le relief, les rivières et le tapis végétal; — Pl. II. Le Congo politique, économique et administratif.

Cet ouvrage vulgarise les connaissances que chacun doit posséder sur les territoires qui font désormais partie du patrimoine national. Il constitue un aperçu géographique clair, concis et attrayant de notre vaste colonie africaine.

PRIX : FR. 2.00

Don — Remercié

PETIT ATLAS

DU

CONGO BELGE

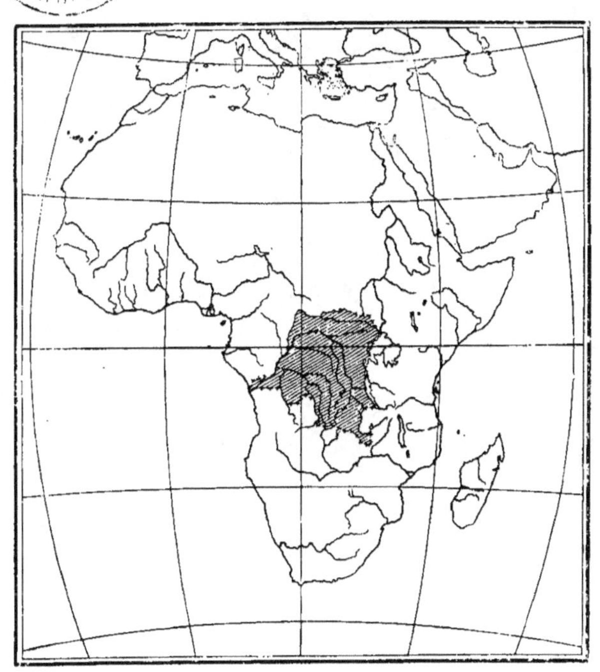

BRUXELLES

MAISON D'ÉDITION ALBERT DE BOECK

265, rue Royale, 265

TABLE DES MATIÈRES

Cartes en couleurs

Cartes et diagrames en noir.

Cliché emprunté à l'ouvrage *Le Congo Belge*, par J. Bertrand.

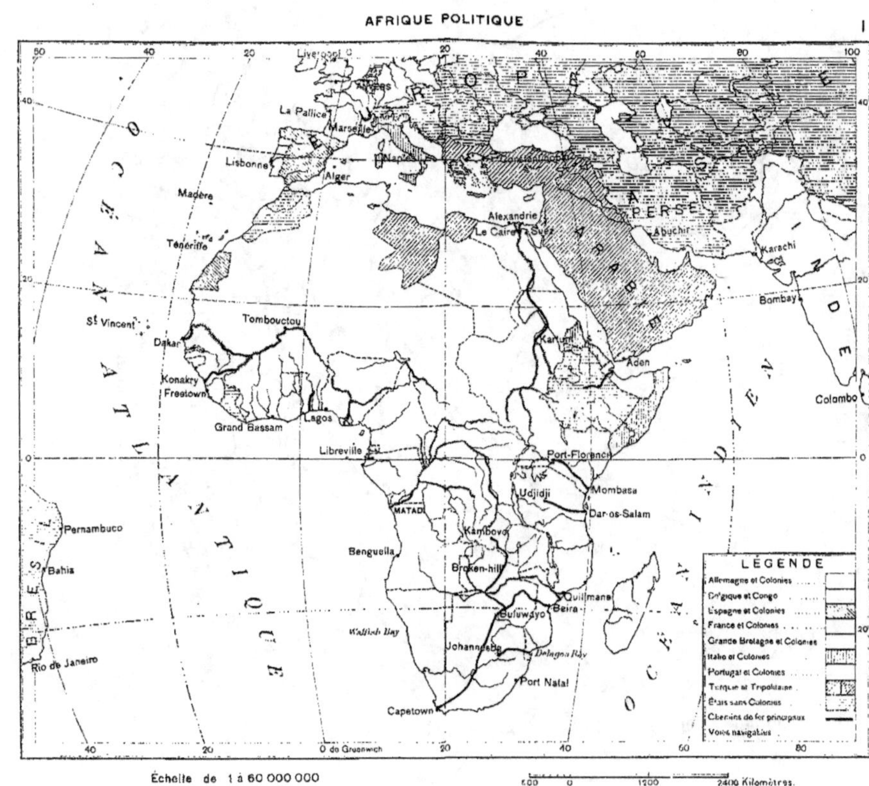

Échelle de 1 à 60 000 000

PROFIL A PAR L'ÉQUATEUR

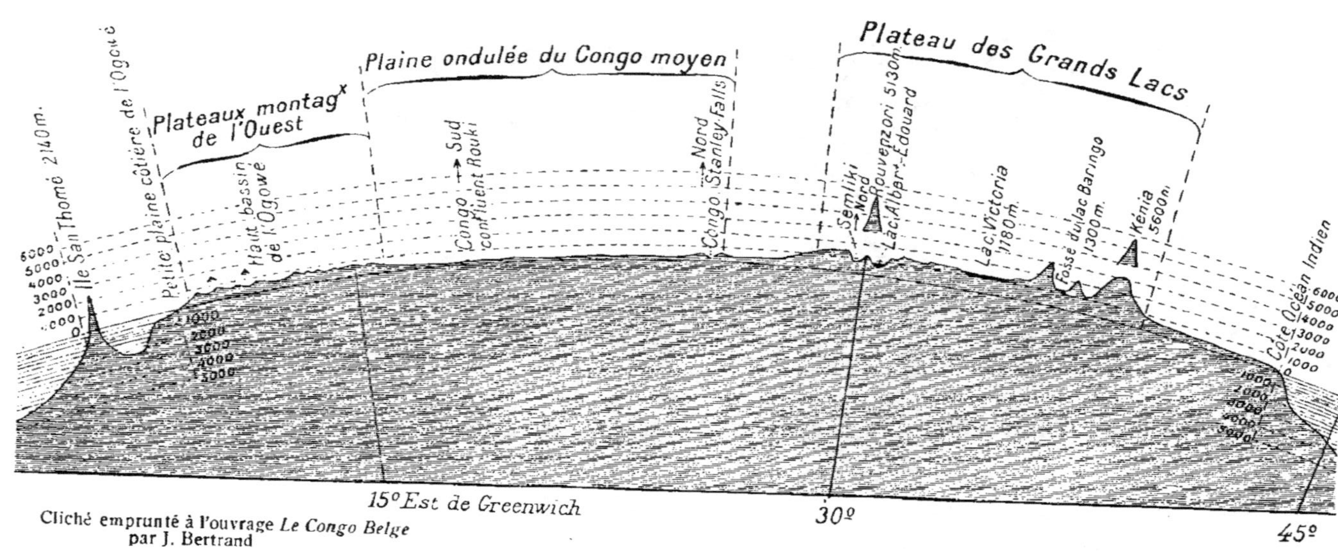

TROIS PROFILS A TRAVERS LE CONGO

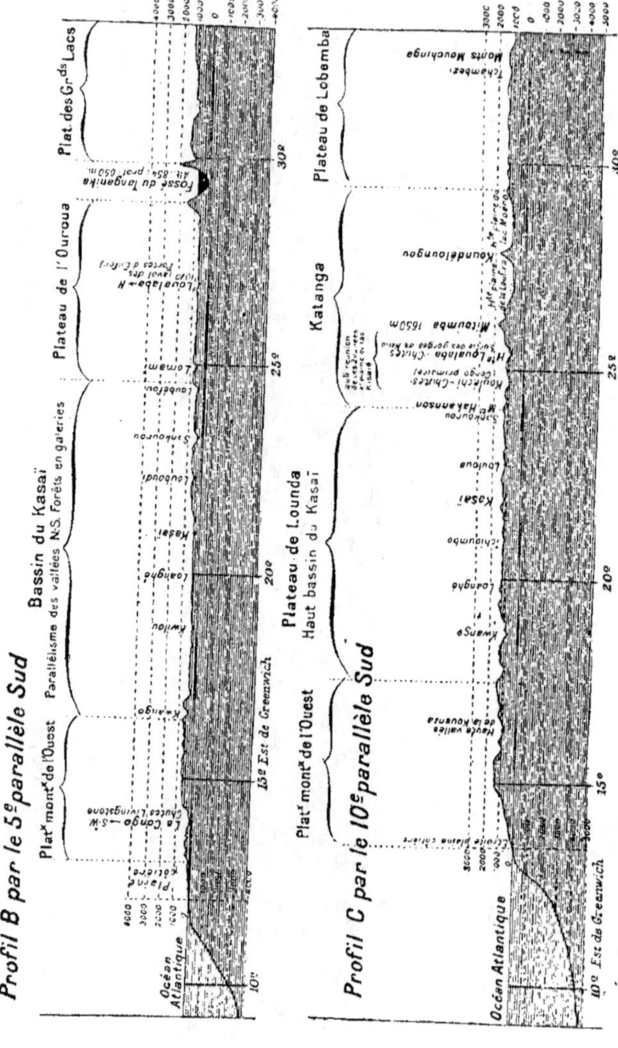

Cliché emprunté à l'ouvrage *Le Congo Belge*, par J. Bertrand.

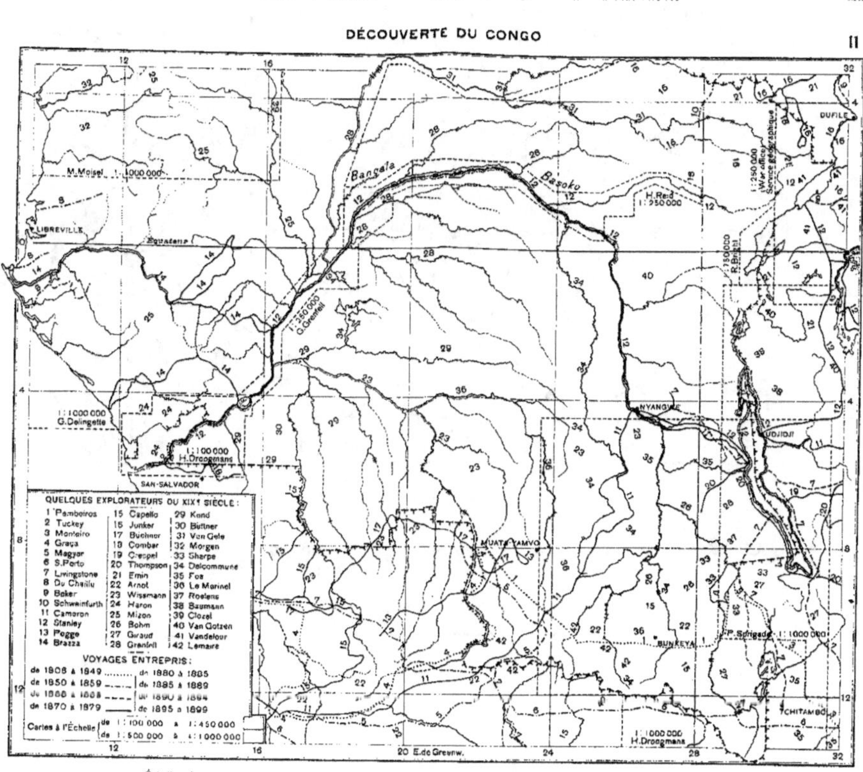
LIBREVILLE
Equateur
M.Moisel 1:1000000
Bangala
Basoko
H.Reg 1:250000
DUFILE
G.Grenfell 1:250000
G.Delingette 1:1000000
H.Droogmans 1:100000
SAN-SALVADOR
NYANGWE
UDJIDJI
MUATA YAMVO
BUNKEYA
P.Schigade 1:1000000
H.Droogmans 1:1000000
TCHITAMBO
QUELQUES EXPLORATEURS DU XIX° SIÈCLE :
1 Pambeiros   15 Capello   29 Kund
2 Tuckey   16 Junker   30 Büttner
3 Monteiro   17 Buchner   31 Van Gele
4 Graça   18 Combar   32 Morgen
5 Magyar   19 Crespel   33 Sharpe
6 S.Porto   20 Thompson   34 Delcommune
7 Livingstone   21 Emin   35 Foa
8 Du Chaillu   22 Arnot   36 Le Marinel
9 Baker   23 Wissmann   37 Roelens
10 Schweinfurth   24 Haron   38 Baumann
11 Cameron   25 Mizon   39 Clozel
12 Stanley   26 Bohm   40 Van Gotzen
13 Pogge   27 Giraud   41 Vandelour
14 Brazza   28 Grenfell   42 Lemaire
VOYAGES ENTREPRIS :
de 1808 à 1849 ....   de 1880 à 1885
de 1850 à 1859 _._._.   de 1885 à 1889
de 1860 à 1868 _____   de 1890 à 1894
de 1870 à 1879 ______   de 1895 à 1899
Cartes à l'Échelle { de 1:100 000 à 1:450 000
                    { de 1:500 000 à 1:1000 000
Échelle de 1 à 12000000
100   0   100   200   500 Kilomètres.
20 E.de Greenw.

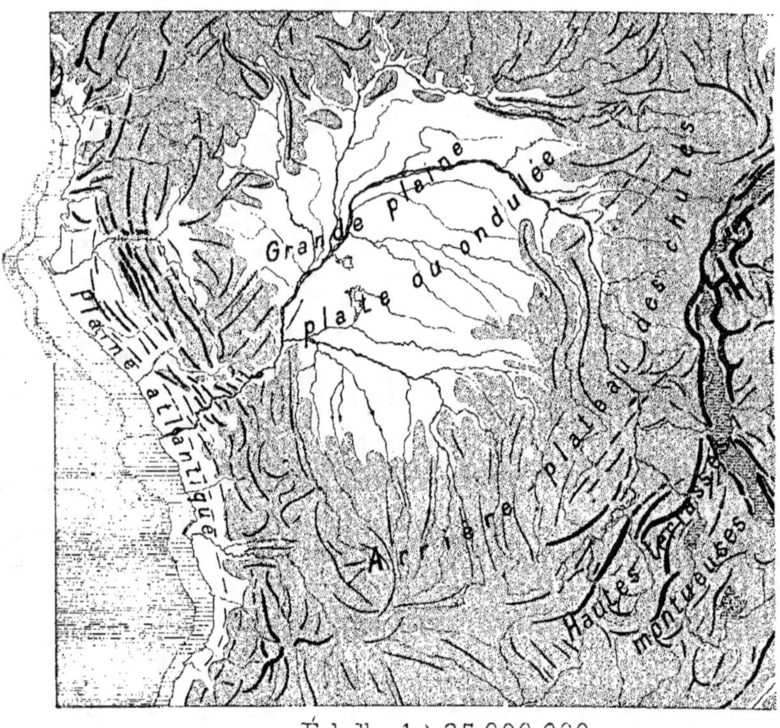

Échelle : 1 à 25.000.000

Cliché emprunté à l'ouvrage *Le Congo Belge*, par J. Bertrand.

PRINCIPAUX MONTS D'AFRIQUE

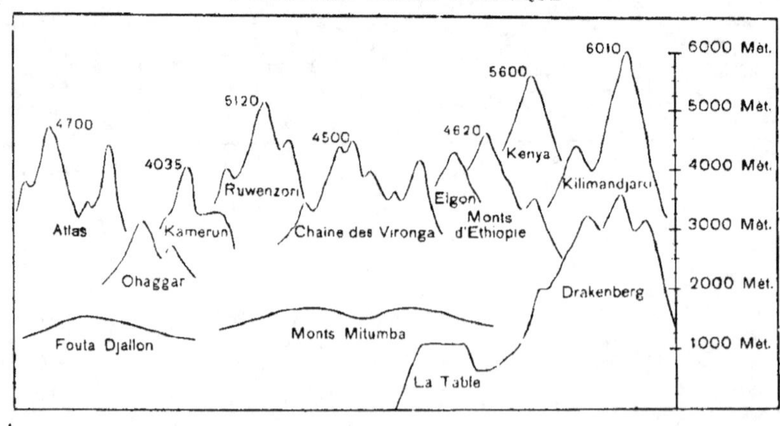

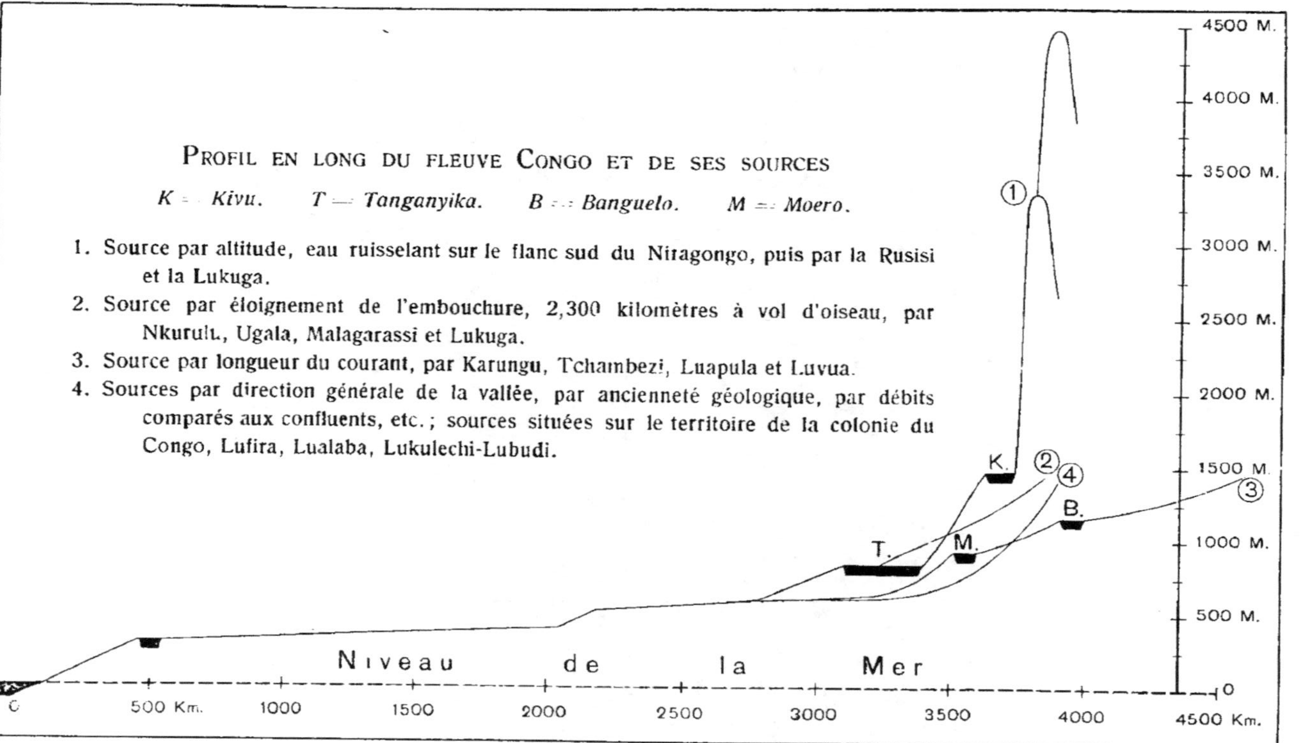

Profil en long du fleuve Congo et de ses sources

K = Kivu.   T — Tanganyika.   B = Banguelo.   M = Moero.

1. Source par altitude, eau ruisselant sur le flanc sud du Niragongo, puis par la Rusisi et la Lukuga.
2. Source par éloignement de l'embouchure, 2,300 kilomètres à vol d'oiseau, par Nkurulu, Ugala, Malagarassi et Lukuga.
3. Source par longueur du courant, par Karungu, Tchambezi, Luapula et Luvua.
4. Sources par direction générale de la vallée, par ancienneté géologique, par débits comparés aux confluents, etc.; sources situées sur le territoire de la colonie du Congo, Lufira, Lualaba, Lukulechi-Lubudi.

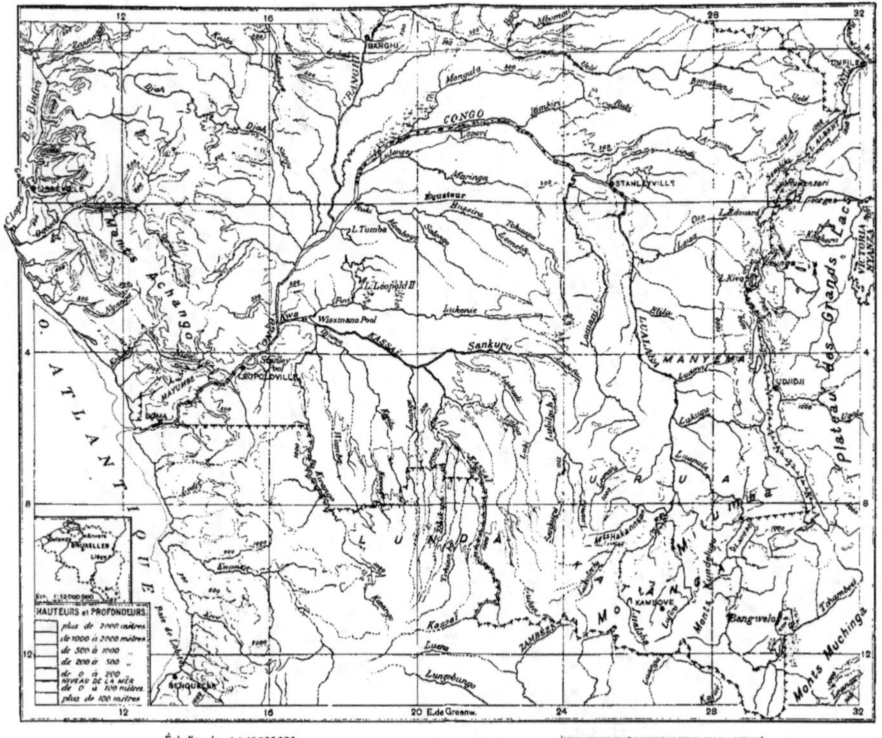
ATLANTIQUE
O C É A N
Monts Achango
Mayumbe
BANANA
BOMA
LÉOPOLDVILLE
Stanley Pool
Kwa
Wissmann Pool
L. Tumba
L. Léopold II
Équateur
Busira
BANGHI
CONGO
Lopori
Mongala
Itimbiri
STANLEYVILLE
Ruwenzori
VICTORIA NYANZA
Lac
Plateau des Grands Lacs
L. Édouard
L. Kivo
L. Albert
MANYEMA
UDJIDJI
LUALABA
URUA
LUNDA
Sankuru
Kassai
Lukenie
KATANGA
KAMBOVE
ZAMBÈZE
Bang'welo
Monts Muchinga
BRUXELLES
HAUTEURS et PROFONDEURS.
plus de 2000 mètres
de 1000 à 2000 mètres
de 500 à 1000 ..
de 200 à 500 ..
de 0 à 200 ..
NIVEAU DE LA MER
de 0 à 100 mètres
plus de 100 mètres
Éch. 1:12000000
20 E. de Greenw.
Échelle de 1 à 12000000
100   0   100   200   500 Kilomètres.

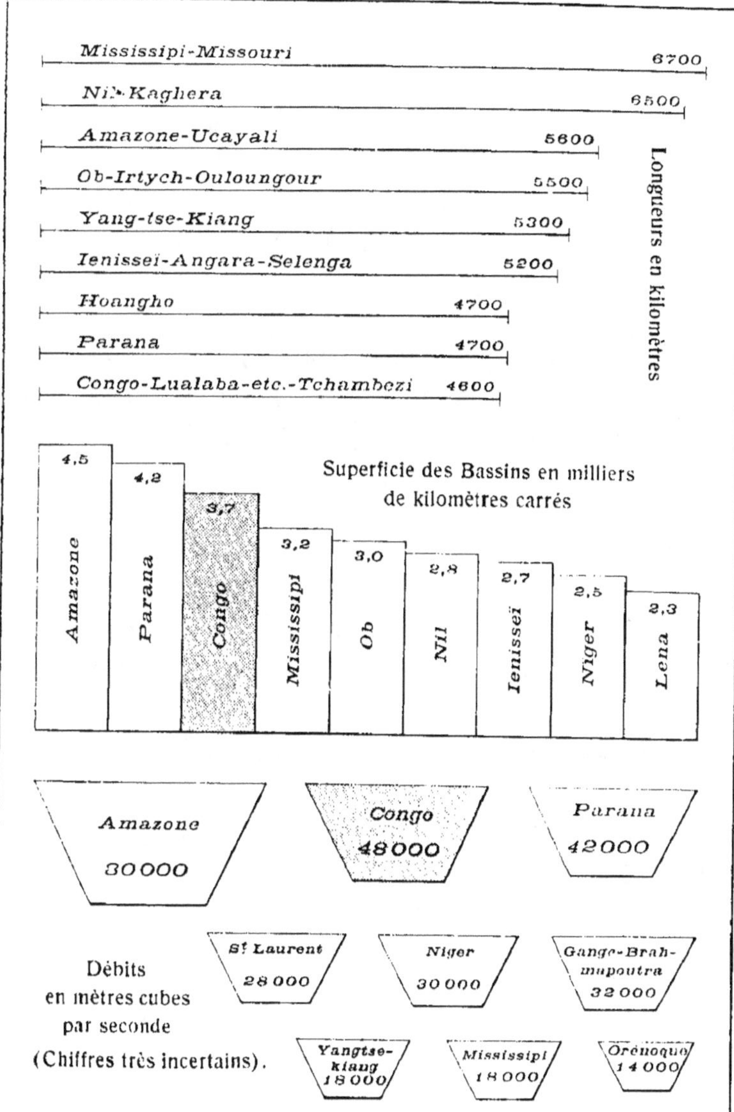
Mississipi-Missouri 6700
Nil-Kaghera 6500
Amazone-Ucayali 5600
Ob-Irtych-Ouloungour 5500
Yang-tse-Kiang 5300
Ienisseï-Angara-Selenga 5200
Hoangho 4700
Parana 4700
Congo-Lualaba-etc.-Tchambezi 4600
Longueurs en kilomètres
Superficie des Bassins en milliers
de kilomètres carrés
4,5 Amazone
4,2 Parana
3,7 Congo
3,2 Mississipi
3,0 Ob
2,8 Nil
2,7 Ienisseï
2,5 Niger
2,3 Lena
Amazone 30000
Congo 48000
Parana 42000
St Laurent 28000
Niger 30000
Gange-Brah-mapoutra 32000
Yangtse-kiang 18000
Mississipi 18000
Orénoque 14000
Débits
en mètres cubes
par seconde
(Chiffres très incertains).

Le Congo et la Meuse, a l'échelle de 1 a 25,000,000

Cliché emprunté à l'ouvrage *Le Congo Belge*, par J. Bertrand.

Comparaison de quelques grands lacs

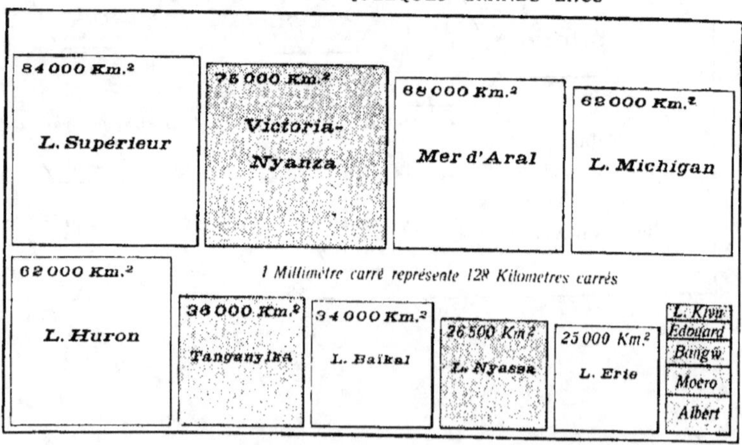

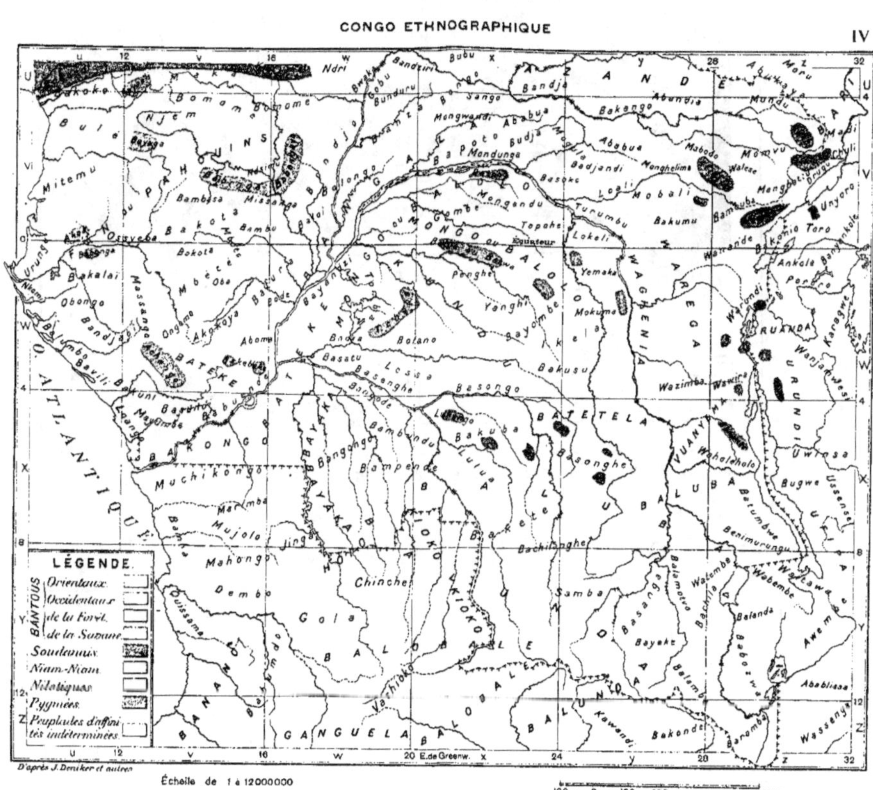

D'après J. Deniker et autres

Échelle de 1 à 12000000

100   0   100   200   500 Kilomètres.

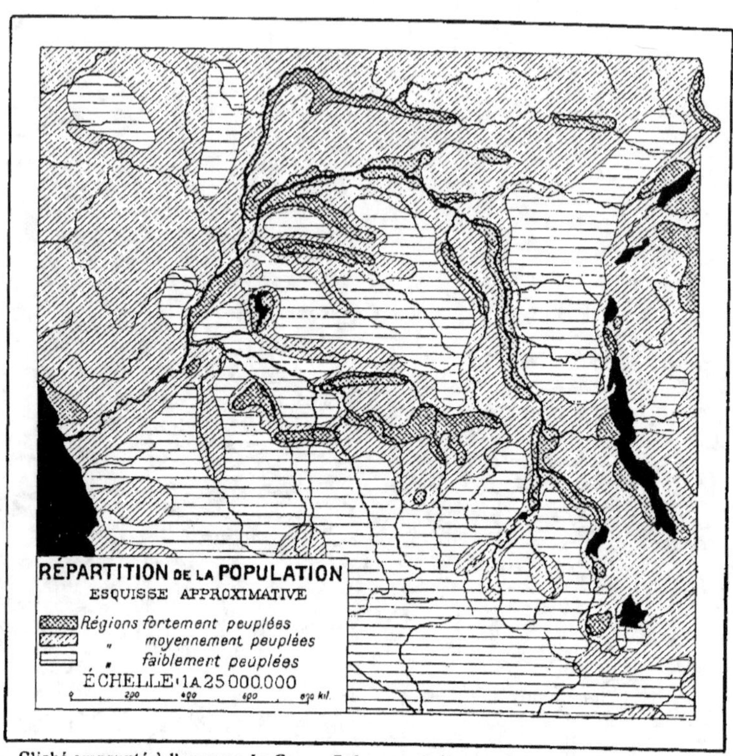

Cliché emprunté à l'ouvrage *Le Congo Belge*, par J. Bertrand.

DENSITÉ DE POPULATION DE QUELQUES PAYS

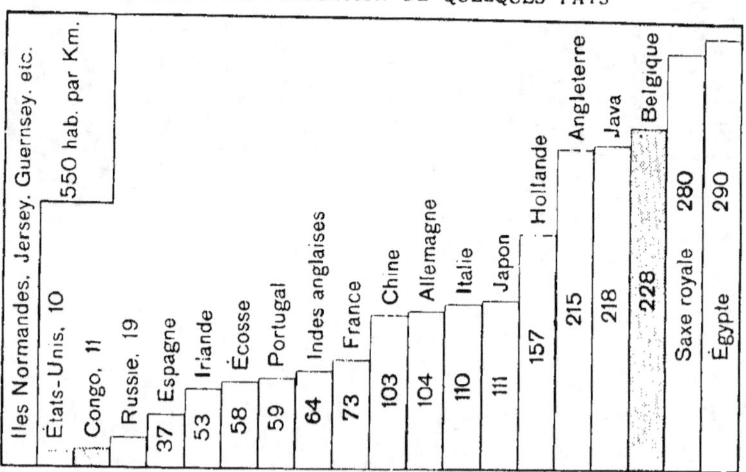

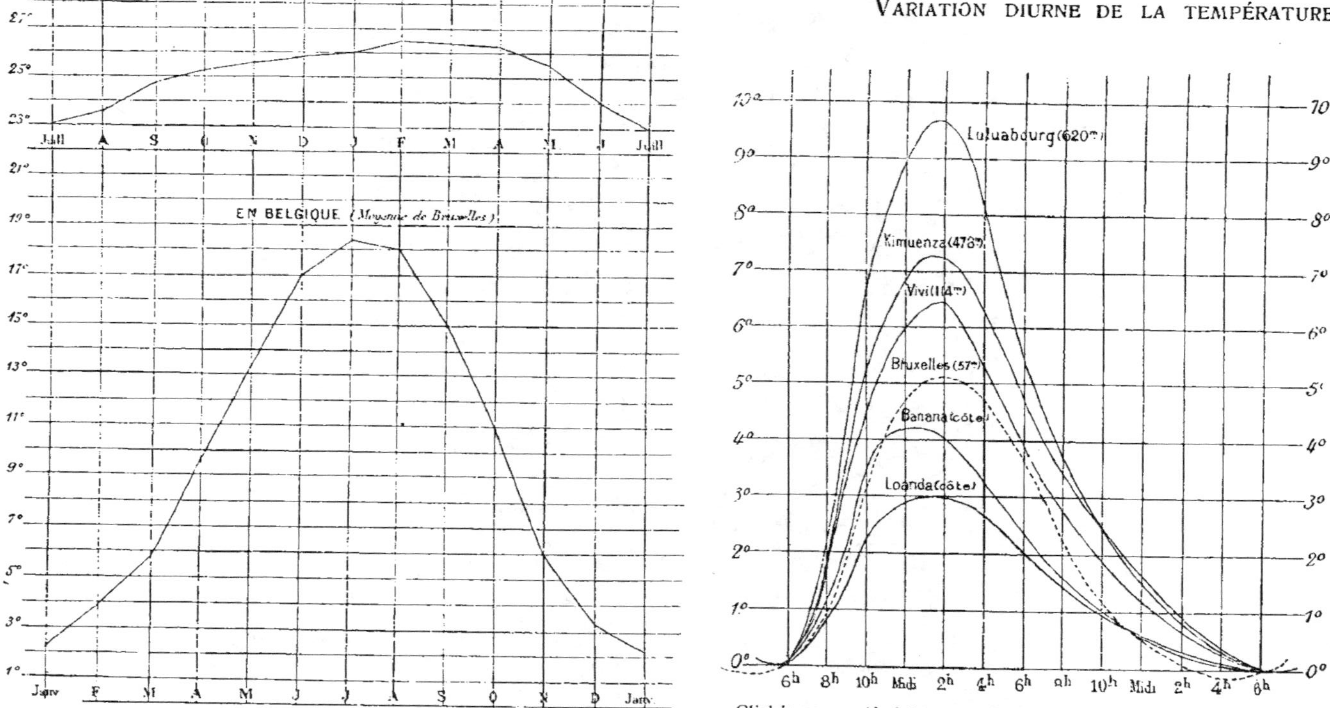

Clichés empruntés à l'ouvrage *Le Congo Belge*, par J. Bertrand-

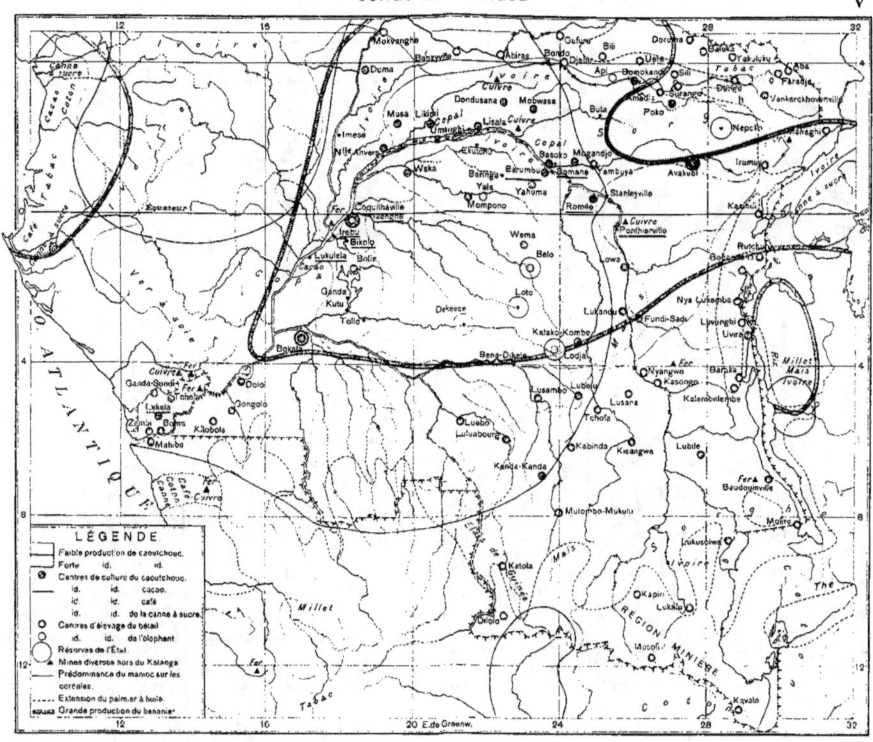
LÉGENDE
Faible production de caoutchouc.
Forte id. id.
Centres de culture du caoutchouc.
id. id. cacao.
id. id. café
id. id. de la canne à sucre.
Centres d'élevage du bœuf
id. id. de l'éléphant
Réserves de l'État.
Mines diverses hors du Katanga
Prédominance du manioc sur les céréales.
Extension du palmier à huile.
Grande production du bananier
OCÉAN ATLANTIQUE
Mokoanghe
Duma
Banzyville
Abiras
Bondo
Djabir
Uere
Api
Bomokandi
Sili
Surango
Duru
Vankerckhovenville
Gufuru
Bili
Doruma
Baruka
Yakuluku
Aba
Faradje
Tabac
Dondusana
Mobwasa
Buta
Amadi
Poko
Nepoin
Yahaghi
Musa
Likipi
Copal
Lisala
Cuivre
Imesa
Umanghi
Nile Anvers
Ivoire
Copal
Ekutong
Basoko
Magandjo
Yambuya
Avakubi
Irumu
Ivoire
Weka
Bangu
Barumbu
Bamane
Yahuma
Stanleyville
Yals
Romée
Kasongo
Equateur
Coquilhaville
Ivoire
Wema
Belo
Cuivre
Ponthierville
Rutchuru
Bobandi
Irebu
Bikolo
Lukulela
Bolia
Cacao
Loto
Iowa
Nya Lusamba
Livunghi
Uvira
Ganda
Kutu
Dekeese
Lukandu
Fundi-Sadi
Tollé
Katako-Kombe
Millet
Maïs
Ivoire
Bokala
Bena-Dibele
Lodja
Cuivre
Fer
Ganda-Sundi
Doloi
Nyangwa
Kasongo
Banaka
Tchela
Gongolo
Lusambo
Lubefu
Kalemba-lembe
Lusara
Lukula
Zomba
Bomu
Kilobola
Luebo
Luluabourg
Tchofa
Lubile
Mahiba
Kanda-Kanda
Kabinda
Kisangwa
Fer
Baudouinville
Mutombo-Mukulu
Moero
Lukuscwa
Katola
Maïs
Ivoire
Diolo
Kapiri
Lukula
RÉGION MINIÈRE
Mutofi
Côté
Kavalo
Millet
Tabac
Échelle de 1 à 12000000
100 0 100 200 500 Kilomètres.

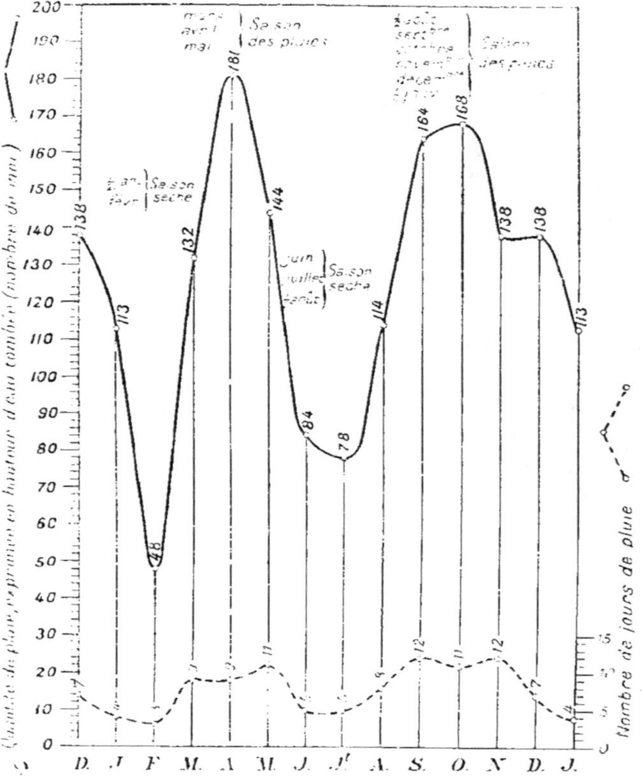
MARCHE ANNUELLE DES PLUIES
1° A Eala.
2° A Banana.
Quantité de pluie exprimée en hauteur d'eau tombée (nombre de mm.)
Nombre de jours de pluie
Saison des pluies
Saison sèche
mars avril mai
Saison des pluies
juin juillet août
Saison sèche
janv. fév. Saison sèche
D. J. F. M. A. M. J. J. A. S. O. N. D. J.
113
132
181
144
164
168
78
84
114
138
138
113
48
Quantité de pluie exprimée en hauteur d'eau tombée (Nombre de mm).
Nombre de jours de pluie
½ fév mars avril ½ mai
Grande saison des pluies
oct^bre nov^bre ½ déc^bre
Petite saison des pluies
déc janv fév.
Petite saison sèche
½ mai juin juillet août sept^bre
Grande saison sèche
D. J. F. M. A. M. J. J^t A. S. O. N. D. J.
64
45
68
90
147
26
0
0,5
2
39
124
64
45
Clichés empruntés à l'ouvrage Le Congo Belge, par J. Bertrand.

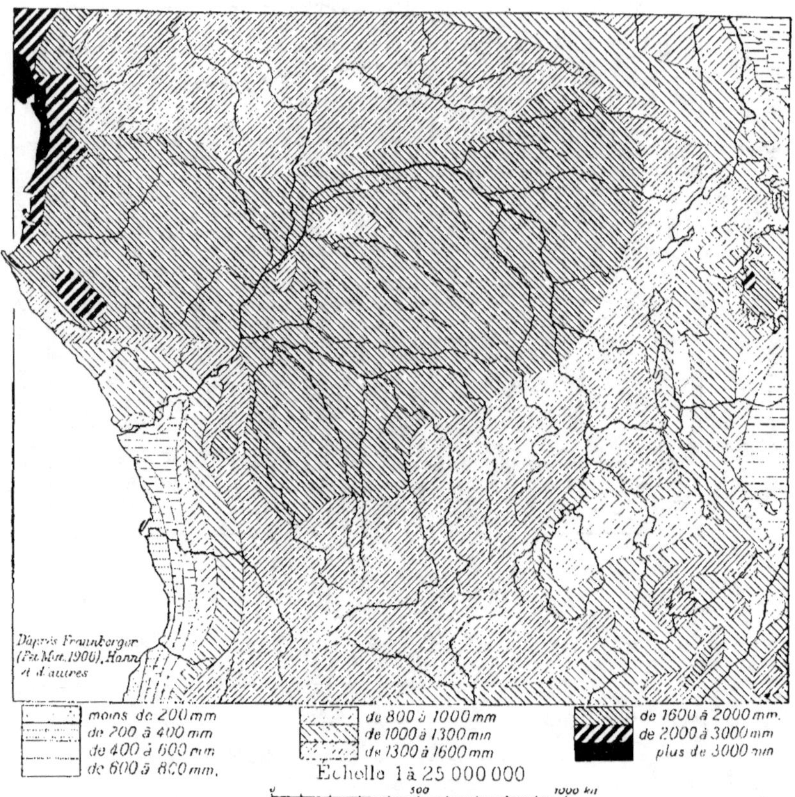

Cliché emprunté à l'ouvrage *Le Congo Belge*, par J. Bertrand.

La moyenne de pluie annuelle sur la totalité du bassin ressort, d'après cette carte, à environ 1ᵐ50. Ceci, multiplié par la superficie du bassin et divisé par le nombre de secondes qu'il y a dans une année, donne un chiffre qui est plus du triple de la quantité d'eau s'écoulant en moyenne par le fleuve. Autrement dit, sur 1ᵐ50 de pluie, 1ᵐ04 est à nouveau évaporée et 0ᵐ46 va à la rivière.

Échelle de 1 à 12000000

100 0 100 200 500 Kilomètres.

COMPARAISON DES COLONIES AFRICAINES EN SUPERFICIE

| Afr. occid. | Conféd. du Cap | COLONIES | BRITANNIQUES | | Afrique orientale |
| | | Bechuanaland, etc. | Soudan - Ouganda | Egypte | |

C O N G O

| | POSSESSIONS | ALLEMANDES | |
| Togo et Kamerun | Afr. sud occidentale | Afrique orientale | |

Afrique occidentale	COLONIES	FRANÇAISES	Congo et Tchad	Algérie
		Sahara		
				Tunisie / Somal

| Guinée port. | POSSESSIONS | PORTUGAISES | Moçambique |
| | Angola | | |

| Poss. espag. | Tripolitaine | Poss. italien. |

| Maroc | Abyssinie | Libéria |

COMPARAISON DES COLONIES AFRICAINES EN POPULATION

| Afrique Occidentale | COLONIES | Conféd. du Cap | Bechuanaland, etc. | BRITANNIQUES | Soudan, Ouganda | Egypte | Afrique orientale |

C O N G O

| | POSSESSIONS | ALLEMANDES | |
| Togo et Kamerun | A. s. occ. | Afrique orientale | |

| Afrique occidentale | COLONIES | Sahara | FRANÇAISES | Congo et Tchad | Algérie |
| | | | | | Tunisie | So. |

| Guinée p. | POSSESSIONS | PORTUGAISES | Moçambique |
| | Angola | | |

| Poss. espag. | Tripolitaine | Poss. italien. |

| Maroc | Abyssinie | Libéria |

Cliché emprunté à l'ouvrage *Le Congo Belge*, par J. Bertrand.

SUPERFICIES COMPARÉES D'EMPIRES COLONIAUX

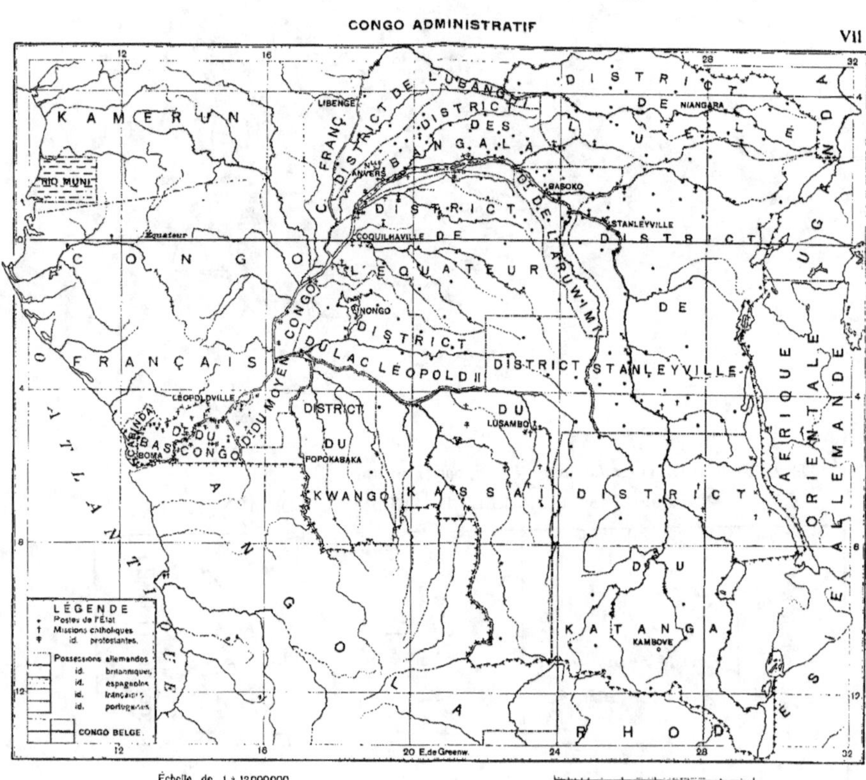

Échelle de 1 à 12 000 000

100 0 100 200 500 Kilomètres.

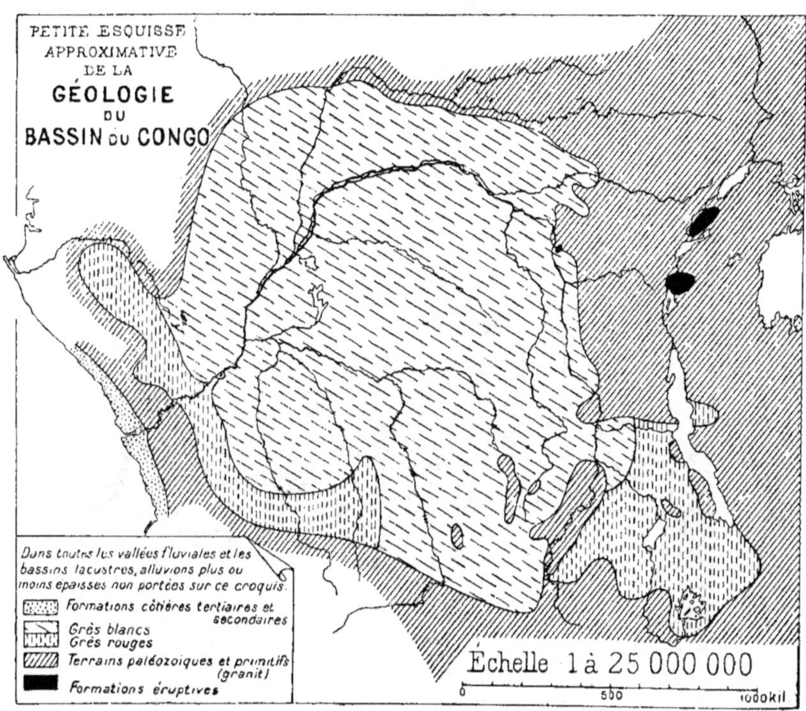

Cliché emprunté à l'ouvrage *Le Congo Belge*, par J. Bertrand

POPULATIONS COMPARÉES D'EMPIRES COLONIAUX

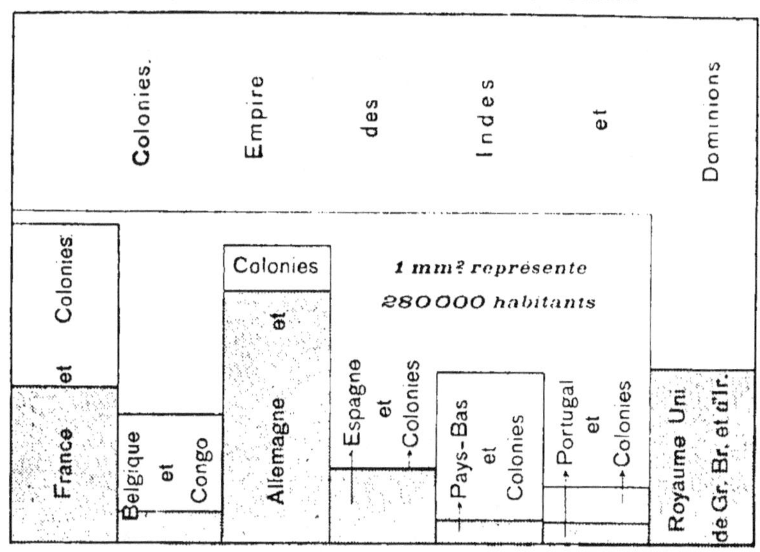

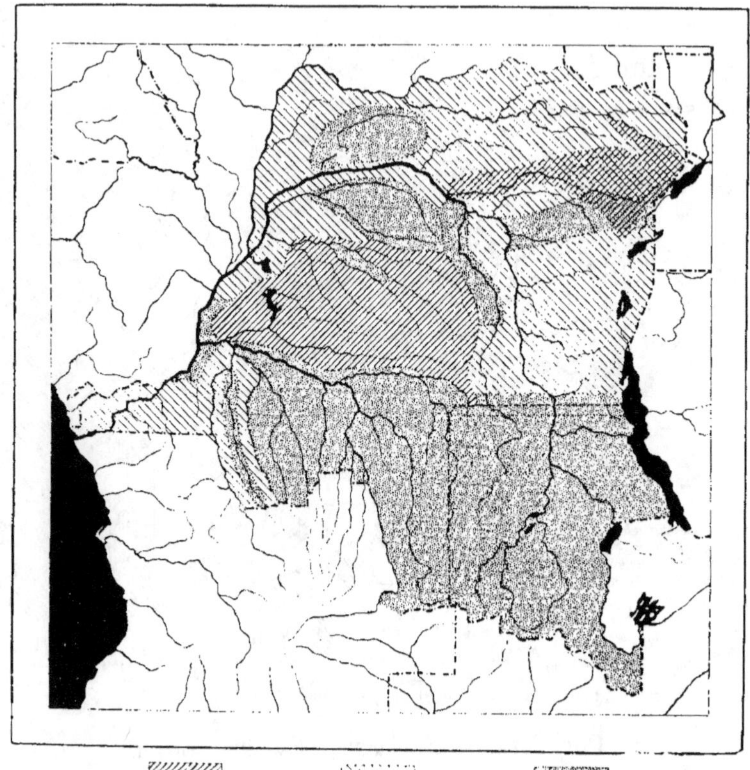

Ancien domaine
de la Couronne

Domaine privé
avec domaine national

Territoires
concédés

Cliché emprunté à l'ouvrage *Le Congo Belge*, par J. Bertrand.

Recettes du chemin de fer Matadi-Léopoldville

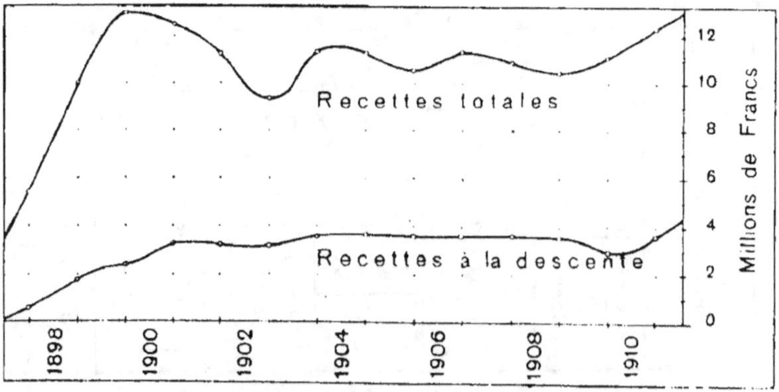

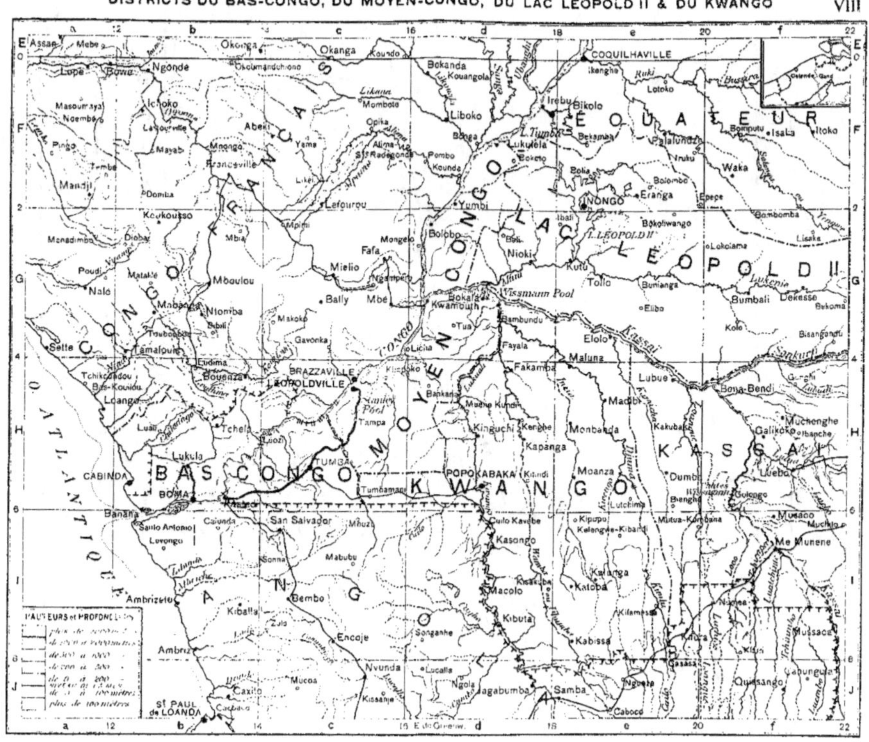
EQUATEUR
LAC LÉOPOLD II
CONGO FRANÇAIS
MOYEN-CONGO
BAS-CONGO
KWANGO
KASSAI
OCÉAN ATLANTIQUE
COQUILHAVILLE
INONGO
BRAZZAVILLE
LÉOPOLDVILLE
Stanley Pool
Wissmann Pool
POPOKABAKA
BOMA
CABINDA
Banana
San Salvador
ST PAUL de LOANDA
Ambriz
Ambrizete
Me Munene
Assae
Mebe
Okonga
Okanga
Ngônde
Lupa
Bowa
Masoumaya
Ncembéro
Ichoko
Nyuma
Lastourville
Mayab
Mnongo
Franceville
Abeki
Yama
Pingo
Tembe
Mandji
Domba
Likei
Lefourou
Koukousso
Monadimbo
Dioba
Mbia
Mpini
Poudi
Nalo
Matake
Mielio
Mboulou
Ngampei
Mabende
Ntomba
Sibili
Makoko
Bally
Mbé
Gavonka
Sette
Tamalouin
Eudima
Boyanza
Tchikazandou
Bas-Kouilou
Loanga
Luali
Tchela
Luozi
Lukula
TUMBA
Tumbamana
Sallo Antonio
Luvongo
Caiunda
Sonna
Mabubu
Kibala
Zala
Encoje
Songanhe
Nvunda
Lucalla
Mucoa
Caxito
Cacuaco
Ngola
Agabumba
Kissame
Kouando
Bokanda
Kouangola
Liboko
Bonga
Opika
Pombo
Kounda
Yumbi
Bolobo
Fafa
Mongelo
Nioki
Bokala
Kwamouth
Tua
Licha
Fayala
Fakamba
Kisanko
Bankana
Tampa
Mudie Kundi
Kinguchi
Kenghe
Kapanga
Kitandi
Kasongo
Kulo Kavebe
Mbuz
Macolo
Kibuta
Kabissa
Samba
Caboco
Irebu
Bikolo
Lukulela
Boketo
Bolia
Eranga
Kutu
Tollo
Bunianga
Eliba
Elolo
Maluna
Lubue
Madibi
Monbanda
Kakuba
Moanza
Dumbi
Bienghi
Kipupu
Kelenge-Kibandi
Kalanga
Kaloba
Kilamesi
Mura
Gasasa
Nguete
Quissango
Gabungua
Mussaco
Muchio
Mutua-Kombana
Gulongo
Ueba
Muchenghe
Galikoko
Ibanche
Boma-Bendi
Bisangandu
Bekoma
Dekesse
Bumbali
Lokolama
Lisaka
Bombomba
Epepe
Waka
Isala
Itoko
Bomputu
Palalunda
Vruku
Bolombo
Bokoliwango
Ikenghe
Lotoko
Ruki
Kole
COQUILHAVILLE
HAUTEURS et PROFONDEURS
Échelle de 1:6.000.000
250 Kilomètres

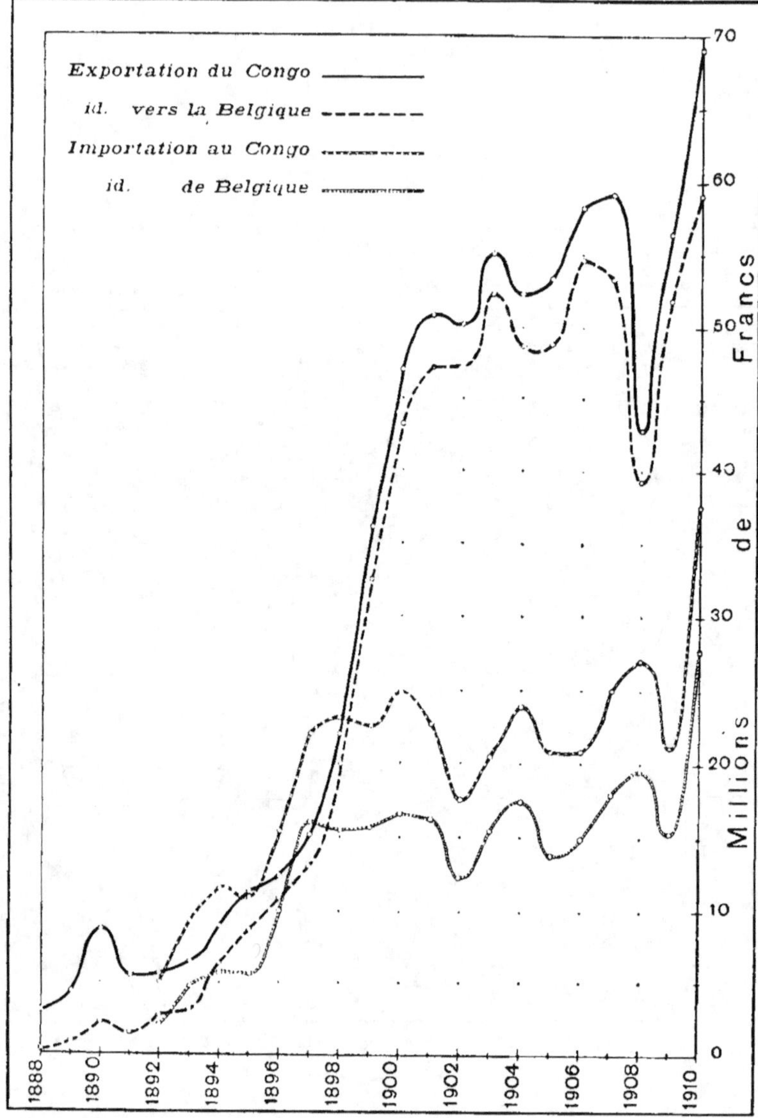

Voici le classement de la valeur des produits exportés de la colonie en 1910 : Caoutchouc, 76 $^o/_o$; ivoire, 9 $^o/_o$; noix palmitte, 4 $^o/_o$; or brut, 4 $^o/_o$; huile de palme, 3 $^o/_o$; copal, 2 $^o/_o$; cacao, cuivre, etc., 2 $^o/_o$.

Voici le classement correspondant des produits importés : Etoffes, habillements, 34 $^o/_o$; denrées et liquides, 16 $^o/_o$; fers, machines, etc., 9 $^o/_o$; divers, 41 $^o/_o$.

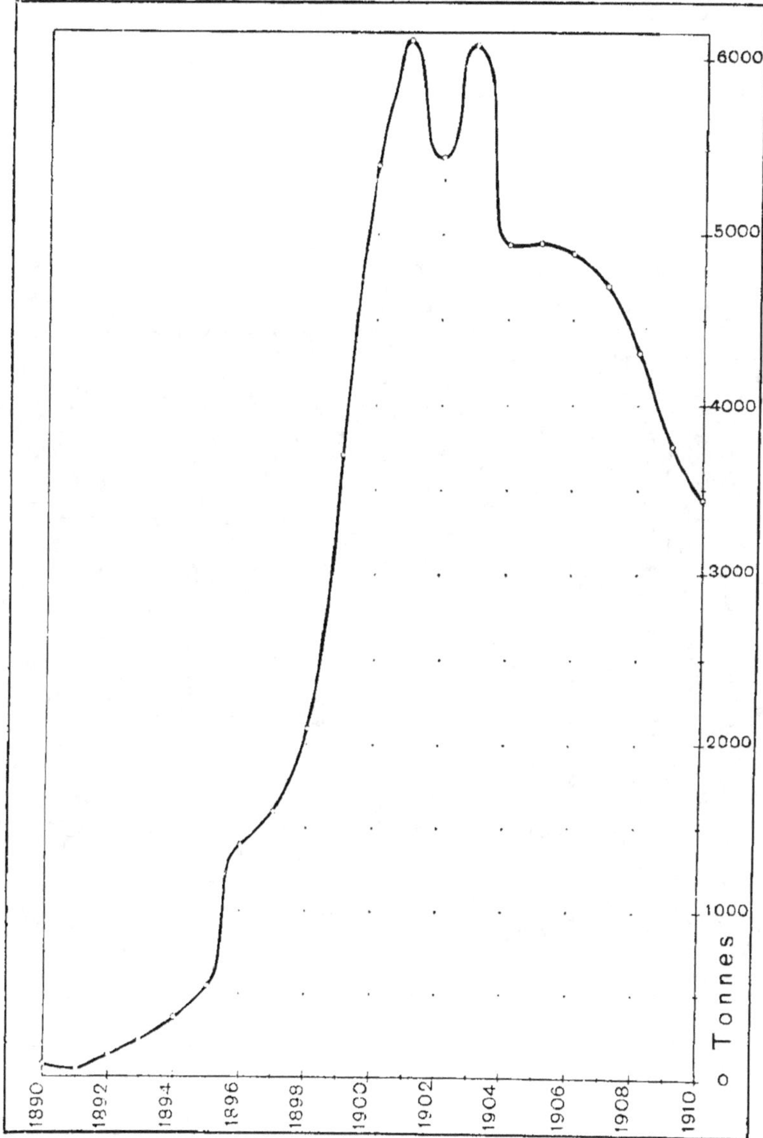

En 1902, la production mondiale du caoutchouc se montait à 56 millions de kilog. et à 80 en 1909. En 1902, la production congolaise représentait 9 °/₀ de la production mondiale et 4.3 en 1909. — En 1902, Anvers importait 9.6 °/₀ de la production mondiale et 5.9 en 1909.

Le prix moyen ressort à **12** francs le kilog. en 1909.

17

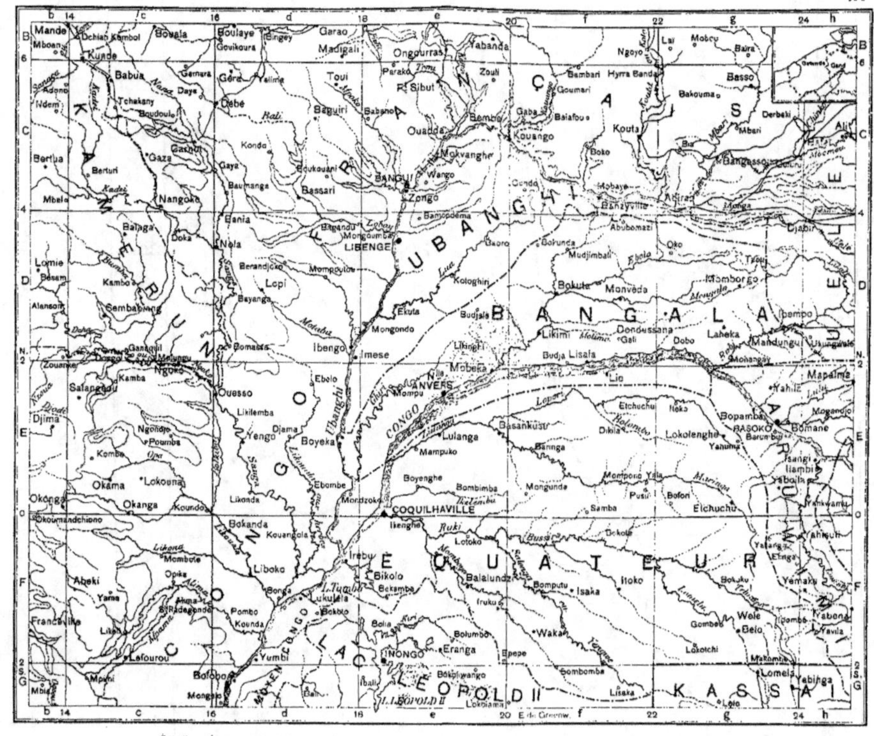

Échelle de 1:6000000
250 Kilomètres

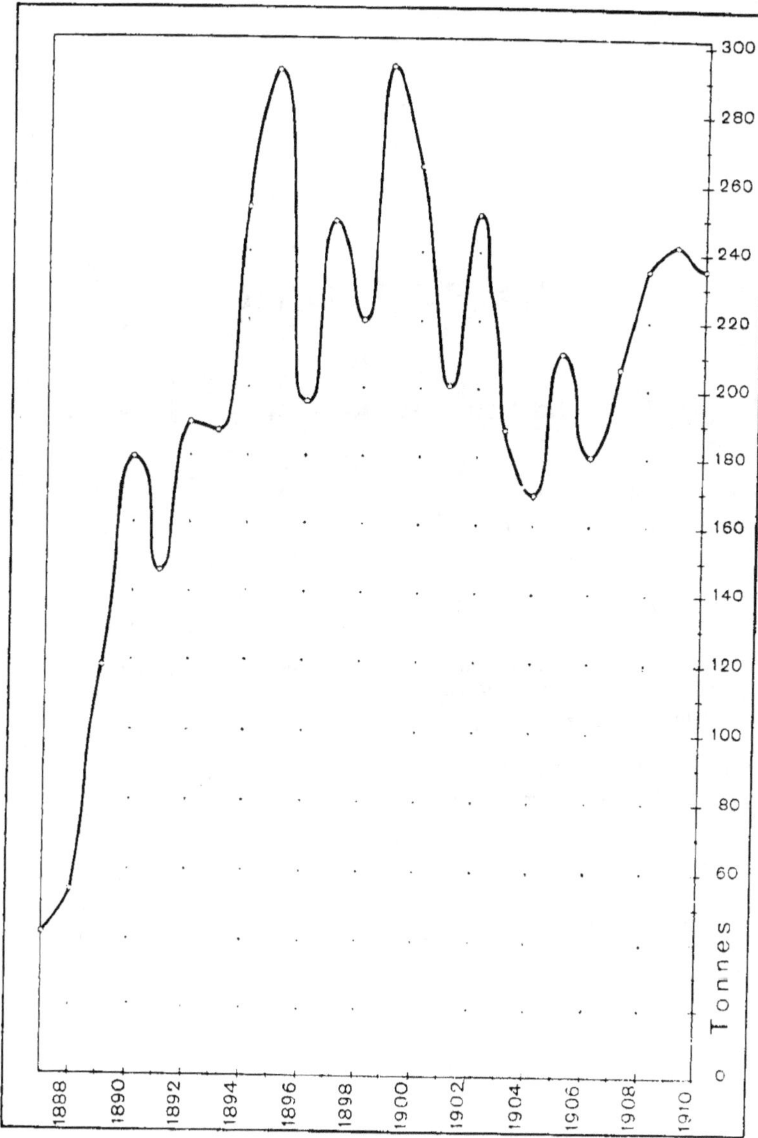

Anvers est le principal marché du monde pour la vente de l'ivoire. Il s'y produit 50 % des transactions européennes. En 1909, on y a vendu 376 tonnes de ce produit. — Londres et Liverpool occupent la 2ᵉ et 3ᵉ place. — Le prix moyen de l'ivoire ressort à 28 francs le kilog.

RÉPERTOIRE

DES

noms inscrits sur les cartes

Les lettres A...L, a...l, renvoient aux cartes VIII...XIII.
» » M...N, m...p » à la carte XIV Bas-Congo.
» » Q...T, q...t, » » » XV Katanga.
» » U...Z, u...z, » » » IV Congo ethnographique.

Les chiffres romains et indications complémentaires II, III, V, XIV Estuaire, XVI Ruwenzori, XVI Vironga, XVI Matadi, XVI Boma, renvoient aux cartes et dessins correspondants.

Les noms inscrits sur la carte n° 1 ne sont pas répertoriés, non plus que ceux des cartouches de Belgique.

Les seules dérogations à la prononciation française est que, dans l'étendue du Congo Belge, la lettre *u* correspond au son *ou*, la lettre *w* au son *vou* et l'*e* final se prononce comme *é*. Pour les colonies allemandes, anglaises, espagnoles, françaises, portugaises, on a respecté l'orthographe officielle.

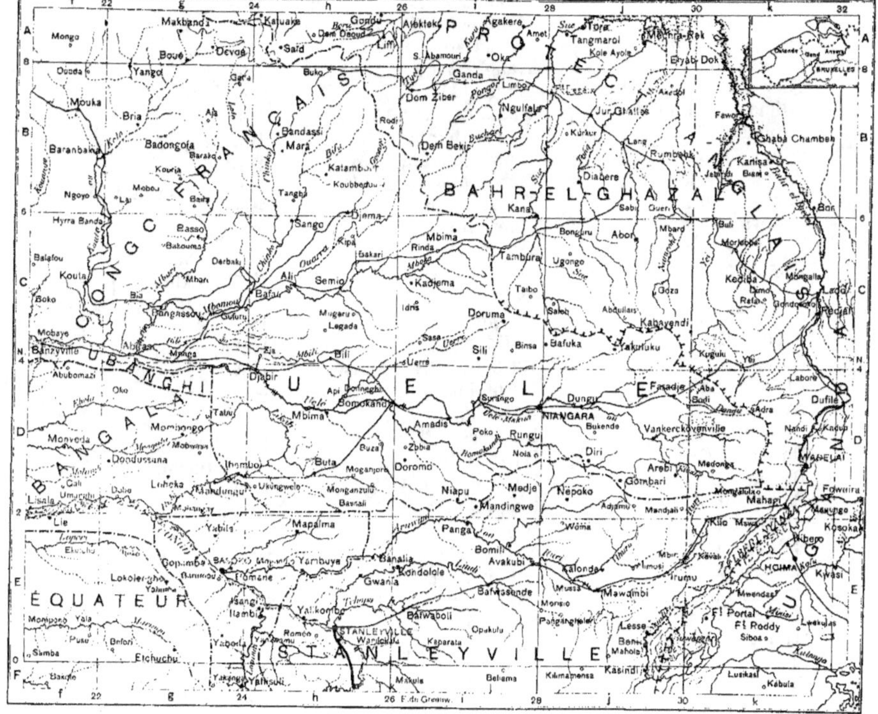
CONGO FRANÇAIS
BAHR-EL-GHAZAL
UBANGHI
BANGALA
ÉQUATEUR
STANLEYVILLE
UELE
Mongo
Boué
Ouada
Yango
Mouka
Bria
Baranbaï
Badongola
Ngoyo
Hyrra Banda
Balafou
Kouta
Boko
Mobaye
Banzyville
Abubomazi
Monvoda
Doudussana
Lisala
Lie
Mombongo
Makbanda
Kaluake
Saïd
Déves
Gata
Buko
Bandassi
Mara
Katambo
Koubbeduu
Tanghi
Sango
Djama
Kipa
Sakari
Rinda
Mbima
Kana
Kadjema
Idris
Doruma
Sasa
Sili
Binsa
Bafuka
Amadis
Buta
Zobia
Doromo
Moganjoro
Monganzulu
Basali
Niapu
Medje
Népoko
Mandingwe
Panga
Bomili
Avakubi
Kalonde
Mawimbi
Irumu
Gombari
Diri
Rungu
Poko
Noia
NIANGARA
Bukende
Vankerckovenville
Faradje
Dungu
Aba
Adra
Dufile
MAHAGI
Fowaira
Mahapi
Kosoka
Kwasi
Fort Portal
Ft Roddy
Siboa
Lesse
Béni
Mahola
Kasindi
Lusikas
Kebula
STANLEYVILLE
Bahr-el-Ghazal
Tangmarol
Mehira-Rek
Eryab Dok
Tora
Amet
Agakere
Ganda
Limbo
Ngulfala
Jur Ghattas
Kurkur
Lang
Rumbek
Kanisa
Ghaba Chambeh
Bor
Sabu
Bongeru
Abor
Mbard
Morlobbé
Tambura
Ugongo
Taibo
Saleh
Abdullah
Kabayendi
Yakuluku
Kuguli
Labore
Lado
Redjaf
Gondokoro
Mongalla
Kodiba
Goza
Rafai
Semio
Bafuka
Yalikombo
Batwaboli
Opakulu
Kaparata
Behama
Kilimamensa
Kasindi
Échelle de 1:6.000.000
50   0   50   100   250 Kilomètres

Aba   Dk, V.
Abdullaïs   Cj.
Abeki   Fc.
Abercorn   Jk, VI.
Abiras   Cg, V.
Abor   Cj.
Abubomazi   Df.
Adjamu   Dj.
Adono   Cb.
Adra   Dk.
Agakere   Ai.
Aja   Bg.
Akadol   Bj.
Alamson   Db.
Albertville   Toa, Hj, VI.
Ali   Ch.
Alima   Sᵗᵉ-Radegonde,
Alimosi   Ej.   [Fc.
Aluta   Fi.
Amadis   Di, V.
Ambriz   Ib.
Ambrizete   Ib.
Amet   Ai.
Angoango   XVI Matadi.
Ankoro   Ii.
Api   Dh, V.
Arebi   Dj.
Assan   Ea.
Atektek   Ai.
Avakubi   Ei, V.
Ayayonga   Fh.
Babano   Ce.
Babua   Cc.
Badongola   Bg.
Bafaï   Ch.
Bafuka   Cj, V.
Bafwaboli   Ei.
Bafwasende   Ei.
Bagandou   Dd.
Baguiri   Cd.
Baïra   Bg.
Bakari   Ch.
Bakete   Ig.
Bakiko   Hk.
Bakote   Ff.
Bakouma   Cg.
Bakwagombe   Hg.

Balafou   Cf.
Balaga   Dc.
Balalundzi   Fe.
Bali   Gd.
Bally   Gc.
Bamba   Mn.
Bambari   Cf.
Bamdundu   Gd.
Bamondema   De.
Banalia   Eh.
Banana   Hb, Nm, XIV
Bandassi   Bh.   [Estu.
Bandawe   Kl.
Bangassou   Cg.
Banghi Bangui   Ce, III,
Bania   Dd, VI.   [VI.
Bankana   Hd.
Banza-Bemba   No.
Banza-Makuta   No.
Banza-Manteka   Nn.
Banzoa   Jh.
Banzyville   Cf, V, VI.
Baoro   De.
Baraka   Hj, V.
Barako   Bg.
Baranbakia   Bf.
Baringa   Ef.
Baringa   V, près Basoko.
Barumbu   Eg, V.
Basankusu   Ee.
Basigasi   El.
Bas-Kouilou   Ha.
Basoko   Eg, V, VII
Bassali   Dh.
Bassari   Cd.
Basso   Cg.
Batempa   Hg.
Baudouinville   Ij, V.
Baumanga   Cd.
Bayanga   Dd.
Bebe   Qq.
Befori   Eg.
Bekamba   Fc.
Bekoma   Gf.
Beliama   Fi.
Belo   Fg, V.
Bembe   Ic.

Bembe   Ce.
Bembis   Nn.
Benabendi   Hf.
Benadikele   Hg, V.
Benakamba   Gh, VI.
Benguella   III, VI.
Beni   Ej, XVI Ruwen.
Berandjoko   Dd.
Bertua   Cb.
Berturi   Cc.
Besam   Db.
Bia   Cg.
Biam   Bk.
Bidi   Nm.
Bienghe   He.
Bija   Fk.
Bikolo   Fe, V.
Bili   Ch, V.
Biliti   Mo.
Binda   XIV Estuaire.
Bingey   Bd.
Binsa   Ci.
Bisangandu   Gf.
Bismarckburg   Jk, VI.
Bobandana   Fj, V, XVI.
Bodi   Dk.   [Viz.
Bokala   Gd, V.
Bokanda   Fd.
Boko   Mo.
Boko   Cf.
Bokoliwango   Ge.
Bokosongho   Mn.
Bokote   Ff.
Bokoto   Fd.
Bokuku   Fg.
Bokunda   Df.
Bokuta   Df.
Bolia   Fe, V.
Bolingo   Fj, XVI Vironga.
Bolobo   Gd, VI.
Bolombo   Fe.
Boma   Hb, Nm, III, V,
          [VI, VII, XIV, XVI.
Bomane   Eg, V.
Bomassa   Dd.
Bomasundi   Nm.
Bombimba   Ee.

Bombolo Qt.
Bombomba Gf.
Bomili Ei.
Bomokandi Dh, V.
Bomputu Ff.
Bondo V, près Djabir.
Bonga Fd.
Bonguru Cj.
Bopamba Eg.
Bor Bk.
Bouala Bc.
Boudoul Cc.
Boué Ag.
Bouende Mn.
Bouenza Hb.
Boukouani Cd.
Boulaye Bd.
Bowé Fa.
Boyeka Ed.
Boyenghe Ee.
Brazzaville Hc, Mp, VI.
Bria Bg.
Buba Mp.
Budja Df.
Budjala De.
Bufi Ck.
Buila No.
Bukama Fj.
Bukama Jh, Qq, VI.
Bukende Dj.
Buko Bh.
Bukoba Fk.
Buli Hi.
Bulu Jk.
Bulu Mo.
Bumbali Gf.
Bunianga Ge.
Bunkeya Ki, Rr, II.
Busanga Kh, Rq.
Buta Dh, V, VI.
Buza Dh.
Cabango Jf.
Cabinda Hb, Nm.
Caboco Je.
Cacoaco Jb.
Cahungula Jf.
Calunda Ib.
Caquema Jd.
Caquinende Ke.
Carnot Cc.
Casasa Je.
Cassenghe Jd, VI.
Catende Kf.
Catuchi Ke.
Caxito Jb.
Chabunda Gi.

Changugu Gj.
Chantso Gl.
Chavonaka Rs.
Chienji Jj.
Chienzi Qr.
Chikali Rs.
Chikamba Mm.
Chikoli Rs.
Chimpenze Mm.
Chindamba Mm.
Chiniama Kj, St.
Chinika Rt.
Chiniongo Mm.
Chinkakassa Nn, XIV
    [Estuaire, XVI Boma.
Chinkenghe XVI Boma.
Chinkolowe Sr.
Chinyanga Gl.
Chipanga Nm.
Chisenda Li.
Chitala Lk.
Chitambo Lk.
Chituru Rr.
Chivala Kj.
Chiwa Qq.
Chiwamba Sr.
Chiwanda Sq.
Chokoroche Ss.
Chonora St.
Chonzo XVI Matadi.
Cocodale Mm.
Coquilhaville Ee, V, VI,
Cuilokawebe Id. [VII.
Cumbapoko Jf.
Daya Cc.
Dekesse Gf, V.
Dchiankombol Bc.
Debe Cd.
Dem-Bekir Bi.
Dembo Np.
Dembole Nn.
Dem-Daoud Ah.
Dem-Ziber Bi.
Derbaki Cg.
Devoé Ag.
Diabere Bj.
Diadia Nn.
Difuma Gh.
Dikata Sr.
Dikila Ef.
Dikurwe Rq.
Dilolo Kg, V.
Dimina Qq.
Dimo Ck.
Dioba Gb.
Dirl Dj.

Ditifu Sr.
Djabir Dh, V.
Djama Ed.
Djema Bh.
Djima Eb.
Djokopanda VI, près
Dobo Dg. [Lusambo.
Doka Dc.
Dolo Ndolo, Mp. V, VI.
Domba Fb.
Dondussana Dg, V.
Dongo Dc.
Donneghi Dh.
Doromo Di.
Doruma Ci, V.
Dufile Dk, II, III.
Duma V, près Nouvelle
Dumba He. [Anvers.
Dungu Mm.
Dungu Dj, V.
Duque-de-Bragance, Jd.
Ebelo Ed.
Ebombe Ed.
Ekuta De.
Ekutchu Ef, V.
Elibo Ge.
Elinga Fg.
Elolo Ge.
Elisabethville Ki, Ss.
Elyabdok Ak.
Encoje Ic.
Entebbe El.
Epepe Fe.
Eranga Fe.
Esombo Gg.
Etchutchu Eg.
Etchutchu Ef.
Etoile-du-Congo Ss.
Fafa Gc.
Fakamba Hd.
Faradje Dj, V.
Fawor Bk.
Fayala Gd.
Fife Jl.
Fort-Alston Ll.
Fort-Desaix Bj.
Fort-Jamieson Ll.
Fort-Manning Ll.
Fort-Portal Ek, XVI
Fort-Roddy Ek. [Ruw.
Fort-Rosebery Kj.
Fort-Sibut Ce.
Fort-Thruston El.
Foweira Dl.
Franceville Fb.
Fukafuka XVI Matadi.

STANLEYVILLE
ARUWIMI
EQUATEUR
KASSAI
KATANGA
AFRIQUE ORIENTALE ALLEMANDE
PROTECT. ANGLAIS DE L'UGANDA
VICTORIA NYANZA
(UKEREWE)
BANGALA
BASOKO
STANLEYVILLE
Ponthierville
Kindu
Kasongo
LUSAMBO
Kongolo
Lukandu
Mondo
L. ÉDOUARD
L. KIVU
L. KIOGA
ENTEBE
HOIMA
WADELAI
Mahagi
TABORA
Albertville
UBUMBURA
TCHIVITOGE
Uvira
Echelle de 1 : 6 000 000
50 0 50 100   250 Kilomètres
E. de Greenw.

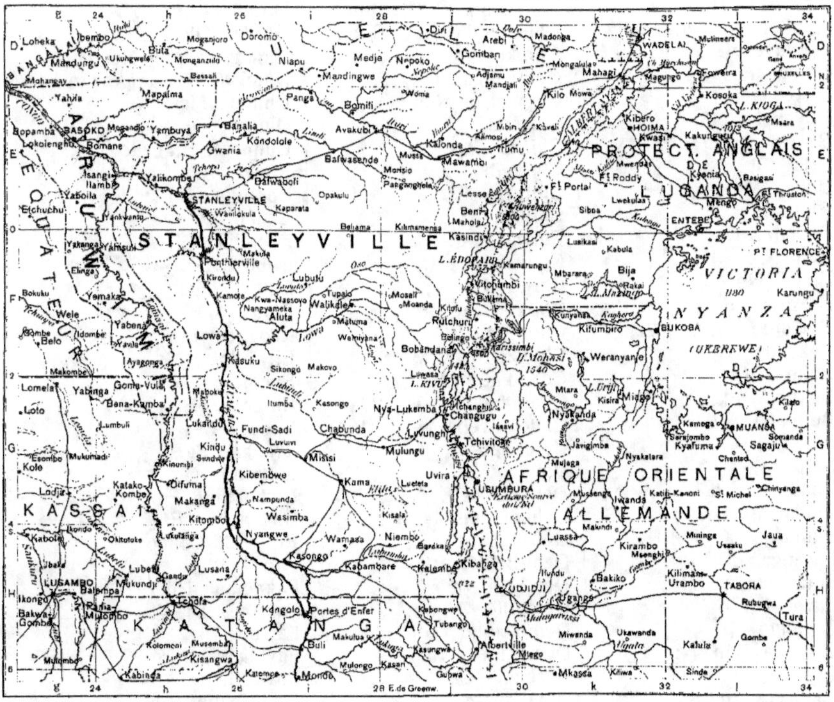

Fundabiabo Jh, Qq.
Fundale Rq.
Fundisadi Gi, V.
Fundo Ke.
Fungurume Rr.
Fungwe Ji, Qr.
Futila Nm.
Gaba Cf.
Gabentaba Mo.
Gali Df.
Galiba Ji, Qs.
Galikoko Hf.
Galukilo Ik.
Gamara Cc.
Ganaquil Dc.
Ganda Mn.
Ganda Bi.
Ganda V. sur Lac Léo-
         [pold II.
Gandasundi Mm, V.
Gandu Hh.
Ganguila Nn.
Garao Bd.
Gatta Bg.
Gavonka Gc.
Gaya Cd.
Gaza Cc.
Gera Cd.
Ghabba-Chambeh Bk.
Golongo Hf.
Gomavula Gh.
Gombari Dj.
Gombe Hl.
Gombe Mo.
Gombe Fg.
Gondokoro Ck.
Gondu Ah.
Gonghi Hf.
Gongolo Np, V.
Gouikoura Bd.
Goumari Cf.
Goza Cj.
Gubwa Ij.
Gueri Bj.
Gufuru Cg. V.
Guma Mp.
Gumi No.
Gundo Cf.
Gwania Eh.
Hoïma Ek.
Hora Kl.
Hyrrabanda Cg.
Ibaka Hg.
Ibali Ge.
Ibanche Hf.
   ata Hg.

Ibembo Dg.
Ibengo Dd.
Ichanghi Gj.
Ichoko Fb.
Idombe Fg.
Idris Ci.
Iemba-Munda Kd.
Ifundu Hk.
Ifuta Hg.
Ikelomba Gg.
Ikenghe Fe, V.
Ikomba Jl.
Ikondo Hg.
Ikongo Hg.
Ilambi Eh.
Imese Dd, V.
Inguruwe Rr.
Inkungulu XVI Matadi.
Inongo Fe, VI, VII.
Iolo Nn.
Ipambala Mn.
Irebu Fd, V.
Iruku Fe.
Irumu Ej, V.
Isaka Ff.
Isambwa Il.
Isanghi Eh.
Isanguila Nn.
Issavi Gj.
Iteko Eg.
Itoko Ff.
Itumba Gi.
Itunda Il.
Iwanda Gk.
Iwunga Jl.
Jagabumba Jd.
Jaua Hl.
Javiguimba Gk.
Jemrid Bk.
Jumbu Lk.
Jurghattas Bj.
Kaarta Lh.
Kabalo VI, près Kon-
Kabambare Hi. [golo.
Kabayendi Cj.
Kabinda Ih, V.
Kabinga Kk.
Kabissa Ie.
Kabolela Rr.
Kabongo Ih.
Kabongwe Hj.
Kabote Hg.
Kabuenono Rr.
Kabula Fk.
Kabuluku Ig.
Kabundi Rr.

Kachabala Hg.
Kadimbola Jf.
Kadjema Ci.
Kadua Dk.
Kafufwa Rq.
Kafumasabo Sr.
Kafumba Ig.
Kafume Jh.
Kafunda Ki, Sr.
Kafunga Lj.
Kaïkazobe Nm.
Kakanda Rr.
Kakuba He.
Kakonguru El.
Kakura Sq.
Kala Kg.
Kalabi Rr.
Kalakala XVI Matadi.
Kalamu Nn, XVI Boma
Kalasa Li.
Kalembelembe Hj, V.
Kalembwe Ji.
Kalombo Jc.
Kalombwe Ih.
Kalonda Ej.
Kalonga Lj.
Kalongwe Rq.
Kalukundi Rq.
Kalumba Rr.
Kalunga Ie.
Kalungwisi Jj.
Kalula Hl.
Kama Gi.
Kamakema Rq.
Kamarungu Fj.
Kamatanda Rr.
Kamba Ec.
Kambo Dc.
Kambomba Kl.
Kambove Ki, Rr, III,
Kambwiri Ll. [VI, VII.
Kamfite Ki, Ss.
Kamfwa Qr.
Kamoga Gl.
Kamote Fh.
Kampangwe Jj.
Kampasso Jg.
Kampera Ij.
Kampina Rr.
Kamwali Ss.
Kamwanga Qq.
Kamwenda Li.
Kana Bi.
Kandakanda Ig, V.
Kaninga Sq.
Kanisa Bk.

Kankeru Rr.
Kanyinga Lh.
Kanzuki Rq.
Kapakosa Kh.
Kapampa Ik.
Kapanga Hd.
Kaparata Ei.
Kapenda-Kamulenda Je.
Kapindji Kg.
Kapiri Rr, V.
Kapoï Ss.
Kapolowe Ki, Ks.
Kapopo Li.
Kapudi Jf.
Kapunga Qq.
Karali Ll.
Karema Ik.
Karowano Sr.
Karungu Fl.
Kasama Jj.
Kasama Kk.
Kasanchi Li.
Kasari Hj.
Kasekelua Rq.
Kasembe Jj.
Kasenga Kj, Rt, VI.
Kasindi Fj, V, XVI Ru-
Kasompi Rq. [wen.
Kasondo Qq.
Kasongami Qr.
Kasongo Hi. V.
Kasongo Gi.
Kasongo Id.
Kasuku Fh.
Kasungwa Hj.
Katakokombe Gh, V.
Katalla XIV Estuaire.
Katambour Bh.
Katchimba Sq.
Katende Kg.
Katiri-Kanoni Gk.
Katoba Ie.
Katobwe Ih
Katola Jg, V.
Katompe Ii.
Katonde Jk.
Katonkole Ih.
Katonta Sq.
Katoro Qq.
Katuaka Ah.
Katumba Rr.
Katumbaï Qr.
Kavali Ek.
Kavalo Lj, V.
Kavimbe Lk.
Kawewi Kh.

Kayambi Jk.
Kayondo Sr.
Kayoyo Kh.
Kayumba Ji.
Kediba Ck.
Kelengwe-Kibandi Ie
Kenghe Hd.
Kiab Np.
Kiambi Ii, VI.
Kianama Ij.
Kibaba Mn.
Kibaja Kd.
Kibalanga Ih.
Kiballa Ib.
Kibanga Kh, Rq.
Kibanga Hj.
Kibembwe Gi.
Kibero Ek.
Kibue Qq.
Kibunzi Nn.
Kibuta Id.
Kiete Nm.
Kiewa Sq.
Kifamessa Ie.
Kifumbiro Fk.
Kifura Ie.
Kikanda Mo.
Kikole Qq.
Kikondiki Np.
Kikondja Ji.
Kikondongo Np.
Kikonzi Nn.
Kilalo Gl.
Kilemba Sr.
Kiliambutu Kh, Sq.
Kilimamensa Fj.
Kilimami-Urambo Hl.
Kiliwa Ik.
Kilo Ek.
Kilomba Qs.
Kilonga Kk.
Kiluango Nn.
Kiluango Np
Kilubula Kk.
Kilwa Jj, Qt.
Kimbambi Mp.
Kimbimbi Ss.
Kimbimbi Mo.
Kimbongo No.
Kimbwe Ss.
Kimoko No.
Kimpanzou Mo.
Kimpe Ss.
Kimpesse No.
Kimpoko Hc, Mp.
Kimpuki Jg.

Kimpunzu Np.
Kimuanga Nn.
Kimuenza Mp.
Kinama Kk.
Kinbambi Np.
Kinchassa Mp.
Kinda Jh, Qq.
Kindu Gh, VI.
Kingankuki Mp.
Kinghila Mn.
Kingoï Mn.
Kinguchi Hd.
Kinjila Mo.
Kinkambe Sq.
Kinkanda XVI Matadi
Kinkenghe Mn.
Kinkonkwe Rr
Kinsako No.
Kinsala Np.
Kinsewere Ss.
Kinsinga Mo.
Kinsuka No.
Kinumbi Gh.
Kinwakasa Mp.
Kinzamba Np.
Kinzau XVI Matadi.
Kioto No.
Kipa Ch.
Kipaïla Kj, Rt.
Kipanda Ji.
Kipopo Ie.
Kipuchi Ss.
Kirambo Hk.
Kirando Ik.
Kirondu Fh.
Kisakuba Id.
Kisala Gj.
Kisanga XIV Estuaire.
Kisangwa Hh, V.
Kisinga Kj.
Kisinga Ii.
Kisira Gk.
Kissanje Jc.
Kissenji XVI Vironga.
Kisua Kiswa, Kh, Sq.
Kitendi Mm.
Kitimbo Kl.
Kitindi Hd.
Kitinta Ik.
Kitobola No, V.
Kitofu Fj.
Kitombo Gh.
Kitope Jj.
Kitumba XVI Ruwenzo.
Kituri If.
Kiube Qs.

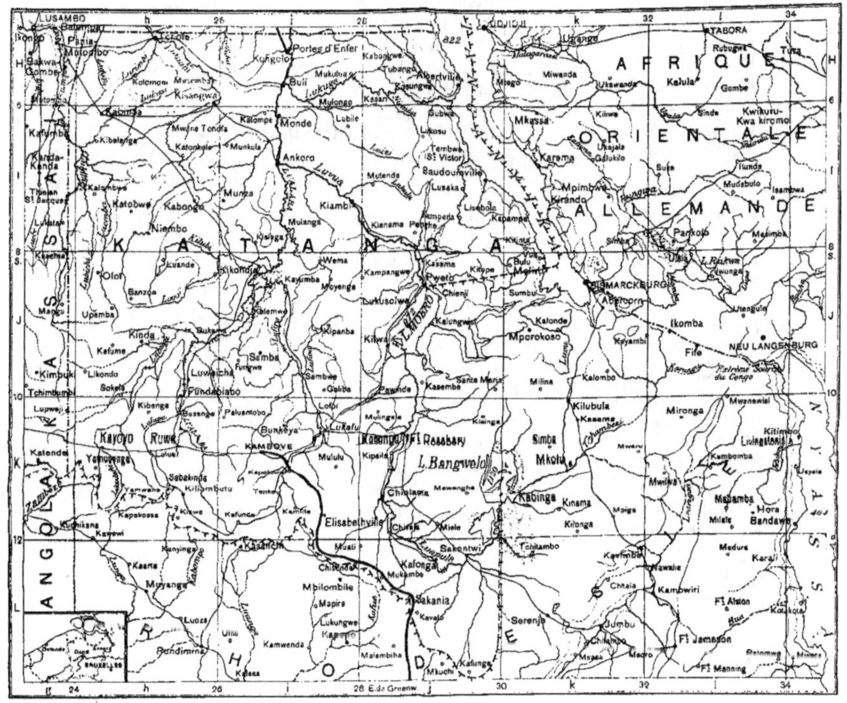

Échelle de 1 à 6 000 000

50   0   50   100   250 Kilomètres.

Kivuku Np.
Kole Gg.
Kole Gf.
Kole-Ayole, Aj.
Kolomoni Hh.
Kolwezi Rq.
Kombe Ec.
Kondo Cd.
Kondolole Ei.
Kongolo Hi, Vi.
Konka Rr.
Konzo No.
Kosoka El.
Kotakota Ll.
Kotoghiri De.
Kouango Cf.
Kouangola Fd.
Koubbedou Bh.
Koukousso Gb.
Kounda Fd.
Kounde Bc.
Koundo Ec.
Kouria Bg.
Kouta Cf.
Kowa Rq.
Kuchikana Kg.
Kugulu Ck.
Kunyansa Fk.
Kurkur Bj.
Kuru Rs.
Kurukuruku Ss.
Kusama Ig.
Kutu Mn.
Kutu Ge, V.
Kwamouth Gd.
Kwa-Nassoro Fi.
Kwasi El.
Kwikurukwakiromo II.
Kwilu No.
Kyafuma Gl.
Kyenia El.
Labore Dk.
Lado Ck.
Laï Bg.
Landana Nm.
Lang Bj.
Lastourville Fb, VI.
Lefourou Fc.
Legada Ch.
Lemba Nm.
Lembo Mp.
Lemfu Np.
Léopoldville Hc, Mp.
                  [III, VII.
Lesse Ej, XVI Ruwen.
Libenghe De, VII.

Liboko Fd.
Libreville II, III, VI.
Licha Gd.
Lie Ef.
Liffi Ah.
Likasie Rr.
Likeli Fc.
Likilemba Ed.
Likimi Df, V.
Likinghi De.
Likonda Ed.
Likondo Jh.
Limbo Bi.
Lisaka Gf.
Lisala Df, V.
Lisobola Ij.
Livingstonia Kl.
Liwizembe Rq.
Loango Ha, VI.
Lodiatafi XVI, Matadi.
Lodja Gg, V, VI.
Lofoï Ki, Rs.
Loheka Dg.
Lokolama Gf.
Lokolenghe Eg.
Lokotchi Fg.
Lokouna Ec.
Lomela Gg, VI.
Lomie Db.
Lope Fa
Lopi Dd.
Loto Gg, V.
Lotoko Fe.
Lowa Fh, V.
Luala Mn.
Luali Hb, Nm.
Luande Jh.
Luassa Hk.
Lubefu Hh, V, VI.
Lubile Ii, V.
Lubituku Mn.
Lubue He.
Lubutu Fi.
Lucalla Jd.
Ludima Hb.
Luebo Hf, V, VI.
Lueteta Gj.
Lufu Nn.
Lufufwa Qq.
Lufunfu Sq.
Lufungu Rq.
Luilu Rq.
Luiswichi Ss.
Lukafu Ki, Rs, V.
Lukandu Gh, V.
Lukanga Sr.

Lukaia Ig.
Luki Nn.
Lukila Sr.
Lukula Hb, Nn, V, VI.
Lukulanga Hh.
Lukulela Fd, V.
Lukungu No.
Lukungwe Li.
Lukusolwa Jj, V.
Lukusu Ij.
Lulanga Ee.
Lulua Kh, Rq.
Luluabourg Hg, V.
Lumbuli Gh.
Lunamka Qr.
Lunchia Ss.
Lunga Nm.
Luoza Lh.
Luozi Hc, Mo.
Lupweji Kg.
Lusaka Ij.
Lusambo Hg, V, VI, VII.
Lusana Hh, V.
Lusikasi Fk.
Lutchima He.
Luvituku No.
Luvongo Ib.
Luvuivi Gi.
Luvunghi Gj, V.
Luwasa Fj.
Luweicha Jh, Qq.
Lwekulas Ek.
Mabamba Kl.
Mabanga Gb.
Mabaya Ts.
Maboke Gh.
Mabubu Ic.
Macolo Id.
Midiata Np.
Madibi He.
Madigali Bd.
Madimba Mp.
Madingou Mn.
Madonga Dk.
Madula Mn.
Madura Ll.
Mafungwa Qs.
Magungo Dk.
Mahaghi Dk, V, VI.
Mahola Ej.
Makanga Gh.
Makbanda Ag.
Makindi Hk.
Makoko Gc.
Makombe Fg.
Makovo Fi.

Makula Fi.
Makulua Hi.
Malambihe Lj.
Malanghe Jd.
Malela Nm, XIV Estu.
Maliba Qr.
Maluna He.
Mampuko Ee.
Manadimbo Ga.
Mande Bb.
Mandide Mp.
Mandingwe Di.
Mandjali Dj.
Mandji Fa.
Mandungu Dg.
Mangala Mp.
Mangu Jg.
Manyanga Mo.
Mapalma Eh.
Mapimbe Sr.
Mapira Li.
Mara Bh.
Masanghi Mo.
Masoumaya Fa.
Massimba Il.
Matadi Hb, Nn, VI,
    [XIV Estuaire, XVI.
Matalilé Gb.
Matawe Rs.
Mateba Nm, V, XIV
Matemba Mo.   [Estu.
Matuma Fi.
Mawanbi Ej.
Mayabi Fb.
Mayenghe XVI Boma
Mbarara Fk.
Mbari Cg.
Mbaro Cj.
Mbe Gc.
Mbei Cb.
Mbia Gb.
Mbilombile Li.
Mbima Dh.
Mbima Ci.
Mbiri Ej.
Mboan Bb
Mbongo Fb.
Mboulou Gb.
Mbuku Mm.
Mbuzu Ic.
Mebe Ea.
Mechra-Rek Aj.
Medje Di.
Memunene If.
Mengo El.
Merwarbo Sq.

Mewenghe Kj.
Miago Gk.
Midinghi Sr.
Miele Kj.
Mielio Gc.
Milala Kl.
Milebi Rr.
Milina Jk.
Mindouli Mo.
Mininga Hi.
Mironga Kl.
Misabo Sr.
Misisi Ci.
Mitumbwa Qr.
Miwanda Hk.
Mkassa Ik.
Mkolu Kk.
Mkuchi Lj.
Moanda XIV Estuaire.
Moanda Fj.
Moanza He, VI.
Mobaye Cf.
Mobeka Ee.
Mobeke Gh.
Mobou Bg.
Mobwasa Dg, V.
Mogandjo Eh, V.
Moganjoro Dh.
Mohangay Dg.
Mokumbi Mo
Mokwanghe Ce, V, VI.
Moliro Jk, V.
Molulu Rs.
Molungu Dc.
Mombongo Dg.
Mombote Fc.
Mompono Ef, V.
Mompoutou Dd.
Mompu Ee.
Mona-Kinjama Je.
Mona-Luana Kf.
Monbanda He.
Monde Ii.
Mondzoko Ed.
Monga Cg.
Mongalla Ck.
Mongalula Dk.
Monganzulu Dh.
Mongelo Gd.
Mongo Af.
Mongondo De.
Mongoumba De.
Mongunda Ef.
Monveda Df, VI.
Morisio Ej.
Morlabba Ck.

Mosali Fj.
Mouka Bf.
Moyenga Ji.
Mpela Mm.
Mpiga Kk.
Mpimbwe Ik.
Mpimi Gc.
Mporokoso Jk.
Msara El.
Msasa Lk.
Msengi Hl.
Msoro Lk.
Mswa Ek.
Mtara Gk
Mtego Hj.
Muansa Gl.
Muatakumbana Ie.
Muata-Yamvo Il.
Muati Lj. Tt.
Muchenghe Hf.
Michito If.
Mucoa Jc.
Mudabulo Il.
Mudjimbali Df.
Muena-Mulunda Jf.
Muene-Kundi Hd.
Mugaru Ch.
Mujaga Gk.
Mukambo Lj.
Mukoko Ig.
Mukulua Hi.
Mukumadi Gg.
Mukundji Hh.
Mulanga Ii.
Mulenga Rs.
Mulingalo Kj, Rt.
Mulolo Jd.
Mulongo Ii.
Mululu Ki, Rs.
Mulumba Rq.
Mulungu Gj.
Munkula Ii.
Munza Ii.
Musa V, près Nouvelle
Musaba If.   [Anvers.
Musaku Sr.
Musamba No.
Musemba Hh.
Musenga Qr.
Musikungudu Mn.
Musofi Sr, V.
Mussa Ej.
Mussaca If.
Mussenga Ig.
Mussenga Gk.
Musuko XIV Estuaire.

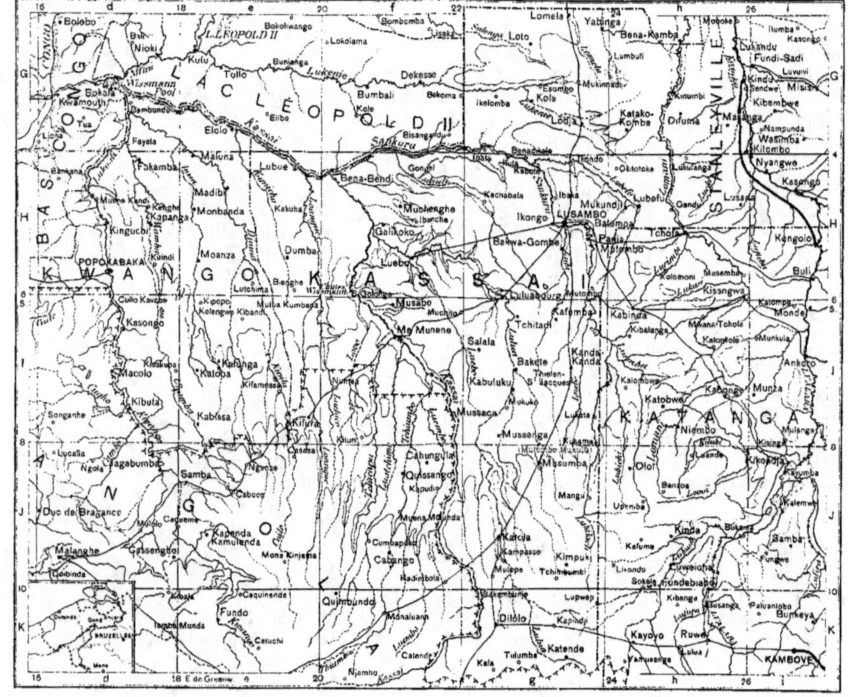
Échelle de 1 : 6 000 000
50   0   50   100   250 Kilomètres

Musumba Jg.
Musumbwisi Sr.
Mutenda Ij.
Mutineers Dl.
Mutombo Hg.
Mutombo-Mukulu Jg, V.
Mutonta Qs.
Mutope Jg.
Mutukwa Rs.
Mutumbwana Sq.
Mutumbwe Sr.
Muyanga Mo.
Muyanga Lh.
Mvaku Mm.
Mwachia Rs.
Mwena-Tchofa Ih.
Mwendas Ek.
Mwenewisi Kl.
Mwera Ll.
Mweru Kk.
Mwilwa Kl.
Nalé Ga.
Nampunda G.
Nandi Dk.
Nangoko Cc.
Nangyameka Fi.
Nawalia Ll.
Ndem Cb.
Ndembe Fa.
Ndolo v. Dolo.
Nekuku XVI Boma.
Nepoko Dj, V.
Neu-Langenburg Jl.
Ngampere Gc.
Ngoko Ec.
Ngola Jd.
Ngondé Fb.
Ngondjo Ec.
Ngoyo Bf.
Ngulfala Bi.
Ngunze Je.
Niangara Di, VII.
Niapu Di.
Niembo Hj.
Nioki Gd.
Njambo Kf.
Noki XIV Estuaire, XVI
Nola Di.   [Matadi.
Nola Dd.
Nouvelle Anvers Ee, V,
Ntomba Gb.   [VII.
Numea If.
Nvunda Jc.
Nyakanda Gk.
Nyakatara Gk.
Nya-Lukemba Gj, V.

Nyangwe Hi, II, V.
Oka Ai.
Okama Ec.
Okanga Ec.
Okitotoke Hh.
Oko Dg.
Okonga Eb.
Okoumandchiono Fb.
Oloï Jh.
Ongourras Be.
Opakulu Ei.
Opika Fc.
Otuavoso XVI Matadi.
Ouada Bf.
Ouadda Ce.
Ouesso Ed, VI.
Pakilia Qs.
Palalundzi Fe.
Paluantobo Ki, Rr.
Pamusofi Qs.
Panga Ei.
Panganghele Ej.
Pania-Mutombo Hg, VI.
Pankolo Il.
Parako Ce.
Patomwe Ll.
Pawinde Jj, Qt.
Penghe Ij.
Piewamato Qq.
Pingo Fa.
Poko Di, V.
Pombo Fd.
Ponthierville Fh, V, VI.
Popokabaka Hd, VII.
Port-Florence Fl.
Poudi Ga.
Poumba Ec.
Pungulume Rq.
Pusu Ef.
Pwatchi Nm.
Pweto Jj, VI.
Quibinda Jd.
Quimbundo Kf.
Quissango Jf.
Rafaï Ck.
Rakaï Fk.
Redjaf Ck, VI.
Rek v. Mechra.
Rinda Ci.
Rodi Bh.
Romée Eh, V.
Rookeia Ss.
Rubugwa Hl.
Rumbekh Bj.
Rundimina Lh.
Rungu Di.

Rutchuru Fj, V.
Ruwe Kh, Rq. VI.
Sabi Bj.
Sagaju Gl.
Saïd Ah.
Ste-Gertrude Np.
Ste-Radegonde v. Alima
St-Michel Gl.
St-Paul de Loanda Jb, VI.
St-Victor de Tembwe Ij.
Sakabinda Kh, Sq.
Sakanbunje Kg.
Sakania Lj.
Sakontwi Lj.
Salala Ig.
Salambote XVI Boma.
Salangeou Ec.
Saleh Cj.
Samba Ef.
Samba Je.
Samba Ji, Qr
Sampwe Ji, Qs.
Sanda Mn.
Sanga Mn.
Sango Ch.
San-Salvador Ic, II.
Santa-Maria Jj.
Santo-Antonio Ib.
Sasa Ci.
Sekelolo Nn.
Sembabiang Dc.
Semio Ch.
Sendwe Gh.
Serajombo Gl.
Serenje Lk.
Sesa Rr.
Sette Ga.
Sibili Gb.
Siboa Ek.
Sikongo Fi.
Sili Ci, V.
Simba Rq.
Simba Ik.
Simba Kk.
Sinde Il.
Situmakoko XVI Boma.
Sokele Jh.
Soliman-Abamouri Ai.
Somanda Gl.
Sonasunghi Mo.
Sonde Mp.
Songanhe Id.
Songololo No.
Sonna Ic.
Stanleyville Eh, III, V,
Suke Il. —   [VI, VII.

Sumbu Jk.
Surango Di, V.
Tabora Hl.
Tabu Dg.
Tadi Mo.
Tadila No.
Taïbo Ci.
Talala Rs.
Tamalouis Gb.
Tambura Ci.
Tampa Hc, Mp.
Tangba Bh.
Tangmarol Aj.
Tchafunguluta Qt.
Tchakany Cc.
Tchela Mm.
Tchela Hb, Mn, V.
Tchia Nm.
Tchiambutu XVI Boma.
Tchikaï Nm.
Tchikombe XVI Boma.
Tchikoundou Ha.
Tchimbanza Mm.
Tchimbumbi Jg.
Tchimeda Mo.
Tchimoanda Mn.
Tchinvere XVI Boma.
Tchitadi Ig
Tchitambo Lk, II.
Tchivitoke Gj.
Tchoa Nm.
Tchofa Hh, V.
Tembe Fa.
Tembwe v. St-Victor.
Temvo Nn.
Tenke Ki, Sr.
Thielen-St-Jacques Ig.
Thysville No.
Titichi Sr.
Toa v. Albertville.
Tollo Ge, V.
Tombe Nm.
Tombolokuti Nn.
Tondua XVI Matadi.

Tore Aj.
Touboubou Gb.
Toui Cd.
Tsenga Np.
Tua Gd.
Tubango Hj.
Tulumba Kg.
Tumba Hc, Np.
Tumbamani Hc, Np.
Tupalo Fi.
Tura Hl.
Tuti Rs.
Udjidji Hj, II, III, VI.
Uerré Ci, V.
Uganghe Hk.
Ugongo Cj.
Ukajala Ik.
Ukawanda Hk.
Ukungwele Dh.
Uleya Jl.
Ulilu Li.
Umanghi Df, V.
Upemba Jh.
Ussaku Hl.
Usumbura Gj.
Usysia Kl.
Utengule Jl.
Uvira Gj, V.
Vankerckovenville Dj, V.
Vista Nm.
Vitchumbi Fj.
Vivi XVI Matadi.
Vua Jk.
Vungu Nn.
Wadelaï Dk.
Waka V près Nouvelle-
Waka Ff.   [Anvers.
Walikale Fi.
Wamasa Hi.
Wamiyana Fi.
Wamola Qt.
Wanawuli Qq.
Wango Ce.
Wanilokula Eh.

Wasimba Gi.
Wele Fg.
Wema V. près Stanley-
Wema Ji.   [ville.
Weranyanje Fk.
Woma Ej.
Wuto Qr.
Yabanda Be.
Yabena Fh.
Yabinga Gg.
Yaboïla Eg.
Yahila Eg.
Yahisuli Fh.
Yahuma Eg, V.
Yakanga Fg.
Yakuluku Cj, V.
Yala Ef, V.
Yalikombe Eh.
Yalima Cd.
Yama Fc.
Yambuya Eh, V, VI.
Yamusenga Kh.
Yamwana Kh.
Yanga Mo.
Yango Bg.
Yankwamu Eh.
Yavila Fh.
Yei Ck.
Yema Nm.
Yemaka Fh.
Yengo Ed.
Yumbi Fd.
Zambi Nm, V, XIV Estu.
Zia Ch.
Zilo Rq.
Zobe Nm.
Zobia Di.
Zongo Ce.
Zongo Qt.
Zouanke Db.
Zouli Ce.
Zula Ic.
Zulumango No.
Zundu No.

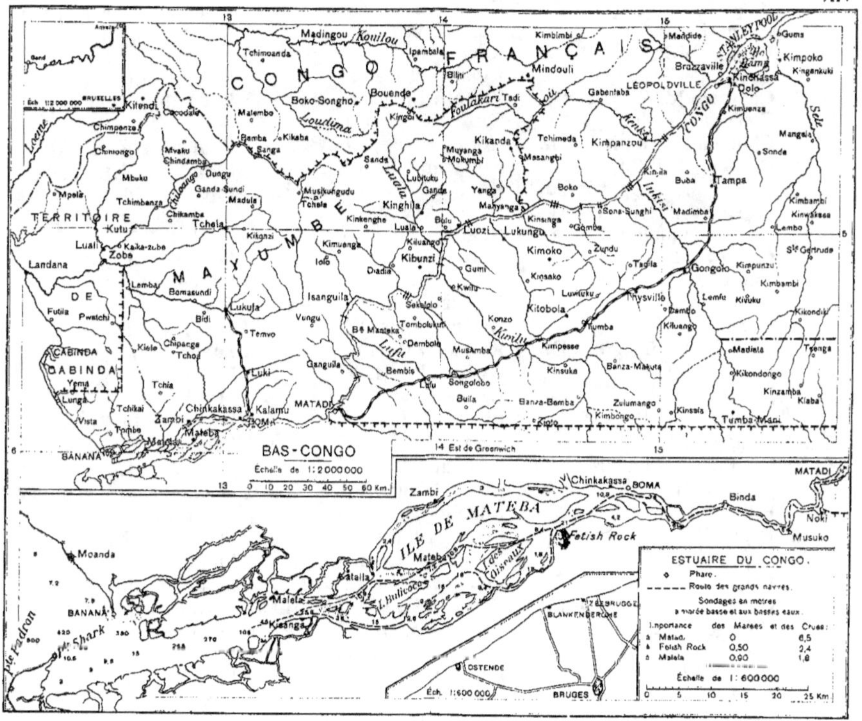
CONGO FRANÇAIS
Madingou
Kouilou
Tchimoanda
Ipambala
Kimbimbi
Mandide
Gums
Bili
Mindouli
Brazzaville
Kimpoko
Kingankuki
Boko-Songho
Bouende
Foulakari
Tadi
LÉOPOLDVILLE
Kinchassa
Dolo
Kingel
Gabentaba
Kimuanza
Kilendi
Cocodai
BRUXELLES
Echelle 1:2 000 000
Chimponze
Malemba
Kikaba
Kikanda
Tchimeda
Kimpanzou
Mangala
Chimongo
Mvaku
Chindamba
Bamba
Sanga
Muyanga
Mokumbi
Masanghi
Sonda
Mbuku
 Dungu
Ganda-Sundi
Lubituku
Ganda
Yanga
Boko
Kinda
Buba
Tampa
Mpela
Tchimbanza
Madula
Musikungudu
Tchele
Kinghila
Mahyanga
Sona-Sunghi
Madimba
Kimbambi
Kinwakassa
TERRITOIRE
Chikamba
Tchela
Kinkenghe
Luala
Bulu
Kinsinga
Gomba
Lembo
Kutu
Kikinzi
Luozi
Lukungu
Ste Gertrude
Luali
Kaka-zuba
Zoba
Kimuanga
Kiluango
Kibunzi
Kimoko
Zundu
Tagila
Gongolo
Kimpunzu
Landana
Iolo
Diadia
Gumi
Kinsako
Kimbambi
DE
Lemba
Bomasundi
Isanguila
Sekololo
Luwuku
Thysville
Lemfu
Kivuku
Futila
Pwatchi
Bidi
Vungu
Temvo
Bs Mazeka
Tombolukim
Konzo
Kitobola
lumba
Kiluango
Kikondik
MAYUMBE
Dembola
Musamba
Kimpesse
Madiata
Tsenga
CABINDA
Kiele
Chipacga
Tchoi
Luki
Ganguila
Bembis
Kinsuka
Banza-Makuta
Kikondongo
Kinzamba
Klaba
Yema
Tchia
Songolobo
Buila
Kimbongo
Kinsala
Tumba Mani
Lunga
Tchikai
Zambi
Chinkakassa
Kalamu
MATADI
Banza-Bamba
Zulumango
Vista
Tombe
BOMA
Mateba
BANANA
Landana
BAS-CONGO
Echelle de 1:2 000 000
0 10 20 30 40 50 60 Km.
14 Est de Greenwich
15
Zambi
Chinkakassa
BOMA
Binda
ÎLE DE MATEBA
Fetish Rock
Noki
Musuko
MATADI
Moanda
Mateba
Tataila
Malela
BANANA
Kisanga
ESTUAIRE DU CONGO.
Phare.
Route des grands navires.
Sondages en mètres
à marée basse et aux basses eaux.
ZEBRUGGE
BLANKENBERGHE
Importance des Marées et des Crues:
a Matadi   0   6,5
b Fetish Rock 0,50   2,4
c Malela   0,90   1,8
OSTENDE
Échelle de 1:600 000
0   5   10   15   20   25 Km
Éch. 1:600 000
BRUGES

Alima Fc.
Aruwimi Ituri, Eh à Dk,
  [III, VI.
Bahr-el-Djebel Nil, Bk,
Bali, Cd.   [III.
Bari, Mbari Cg, III.
Bifa Bh.
Bili, Mbili Cg, Ch.
Bolkiba Ed.
Bolombo Ef.
Bomokandi Di, Dj, III.
Boru Ah.
Bua Ll.
Buchari Bi.
Bumba Dc.
Bussira, Tchuapa, Ff,
Cambo Jd.   [Fg, III.
Cananbinja Ic.
Chiloanga Hb, XIV Mn.
Chinko Bh, Ch.
Congo Eh à Dg, Ee, Gd,
  [Hc et Ib, III, VI, XIV,
  [XVI Matadi et Boma.
Cugho Id.
Cuilo Id.
Cuilo Je.
Dande Jb.
Djah, Dcha, Ngoko, Db
  [à Ec, III, VI.
Djodi Eb.
Djuma He, III, VI.
Dongu Dk.
Dumbi v. Lomela.
Ebola Df.
Elila Gi, Gj, III.
Fafa Be.
Fini, Mfini Gd, III.
Foulakari, Kenke XIV
Ghiri Ee.   [Mo.
Goango Bh.
Gombe Hk.
Ihuru Ej.
Ikelemba Ee.
Inkisi XIV Mo à Np.
Inzia He, VI.
Itimbiri Dg, III, VI.
Ituri v. Aruwimi.

Ivindo Eb.
Kabompo Lh.
Kadei Cc, III.
Kafu Ek, El.
Kafue Li, Lj, III.
Kaghera, Nil Kaghera,
Kalonga Ek. [Fk, III.
Kamicha He.
Karungu Jl.
Kassaï Kf à Gd, III, VI.
Kasuku Gh.
Katuma Ik.
Kemo Ce.
Kenke v. Foulakari.
Keve III.
Kibali v. Uele.
Kilubi Ih.
Kiri Fe.
Koto Kouta, Cf à Bg.
Kouango Bf, Cf.
Kouilou, Niadi, Ha à Gc,
  [III, XIV Mn.
Kuanza III.
Kuru Ai.
Kwa III.
Kwango Hd à Ke, III, VI.
Kwengo He, III.
Kwilu XIV No.
Kwilu Ie, III, VI.
Lembo Fa.
Likali Dh.
Likana Fc.
Likouala Fd.
Likouala-aux-Herbes Ed.
Lilundo Ib.
Lindi Eh à Ej, III.
Loangue He à Jf, III.
Loangwa Kl, Lk, III.
Lobaï, Lobay, De, III.
Lodje Ib, III.
Loeme XIV Mm.
Lom v. Sannaga
Lomami, Lomani, Eh à
  [Hh, III, VI.
Lomela, Dumbi, Fg, Gg.
  [III, VI.
Lopori Ef, Eg, III.

Loto Bg.
Loudima Hb, XIV Mn.
Lovo XVI Boma.
Lovoa, Lowoa, If, III.
Lovoï Jh.
Lowa Fi, III.
Lua De.
Luala XIV Mn.
Lualaba Fh à Kh, III, VI,
  [XV Sr à Qq.
Luama v. Lubamba.
Luanga Li, III.
Luapula Lj à Jj, III, VI.
  [XV St à Qt.
Luatchimo If, Jf.
Lubaie Eh.
Lubamba, Luama, Hi,
  [Hj, III.
Lubefu Hg, Hh, III, VI.
Lubi Hg, III.
Lubichi Jh.
Lubilach v. Sankuru.
Lubindi Gi.
Lubudi Jh, XV, Qq.
Lubudi Hf, III.
Lucalla Jc.
Luchico If.
Luebe Ig.
Luebo Hf à Ig.
Lueki Hh.
Luemba Ih, III.
Luembo Jf, Kf.
Luena, III.
Lufira Ki à Ji, III, XV
  [Sr à Qr.
Lufu XIV Nn.
Lufubu Iii.
Lufupa Kh, XV Rq.
Lufwa Ji, XV Qs.
Luga Fi.
Luizi Ii, Ij.
Lukake Gk.
Lukasi Hh.
Lukenie Ge à Gh, III, VI.
Lukuali Hd.
Lukuga Hi, Hj, III.
Lukulechi Kh, III.

Lukulu Ij.
Lulanga, Lulonga,Ee,III
Lulu Eh.
Lulua Hf à Kg, III.
Lunga Lh.
Lungobungo III.
Lupa Jl.
Lurimbi Hh.
Luvu Jk.
Luvua Ii à Jj.
Luvuto Fi.
Malagarassi Hk.
Mambere v. Sanga.
Maringa Eg, III.
Mbari v. Bari.
Mbili v. Bili.
Mboko Ci.
Mbomou Cg, Ch, III.
Mbriche Ib.
Merridi Bj.
Mfini v. Fini.
Misisi Ek.
Molima Df.
Momba Jl.
Momboyo Fe, III.
Mongala Dg, III, VI.
Motaba Dd.
Mpama Fc.
Mpoko Cd.
Nana Cc.

Namrohl Cj.
Nepoko Dj.
Ngoko v. Djah.
Niadi v. Kouilou.
Niemba Ij.
Nil, Nil blanc, Bahr-el-
[Djebel, Dk à Ak, III,
[,VI. XVI Vironga.
Nil Victoria, El à Dk.
Nkurula Il.
Nyanga Gb, III.
Nyavaronga Gj, Gk.
Nzoua Eb.
Ogooué, Ogowe,Fa,Fb,
Opa Ec.   [III, VI.
Oso Fi, III,
Ouarra Ch.
Oubanghi v. Ubanghi.
Pongo Bi.
Pozo XVI Matadi.
Ruaha Jl.
Rubi Dg, Dh, III.
Ruki Fe, III.
Rukuru Kl.
Rungwa Ik, II.
Rusisi Gj.
Rutchuru Fj.
Ruvuvu Gk.
Salonga, Yengwe, Ff à
[Gg, III.

Sanga, Mambere, Dd à
[Fd. III, VI.
Sankasanka XVI Boma.
Sankuru, Lubilach, Hf,
[à Ih, III, VI.
Sannaga, Zannaga,Lom,
[Bc, Cb, III.
Sele XIV Mp.
Semliki Ej, Ek, III, XVI
Sue Aj, Bi.   [Ruwen.
Tchambezi Kk, III.
Tchikapa If, Jf, III.
Tchiumba, Kf à If, III.
Tchopa Eh, Ei.
Tchuapa v. Bussira.
Tomi Ce.
Tong Bj.
Tyel Bi.
Ubanghi, Oubanghi,Fd,
[Ed à Ce, III, VI.
Uele, Ouellé, Kibali
[Uele Makwa,Dg à Dk,III.
Uerre Ci.
Ugala Hk, III.
Wamba, Uhamba, Hd à
Yei Bk, Ck. [Ie, III, VI.
Yengwe v. Salonga.
Yolombo XVI Boma.
Zambèze Lg, Kg, III.
Zannaga v. Sannaga.

PEUPLADES

Abablissa Yz.
Ababua Vxy.
Abandia Vy.
Aboma Wv.
Abukaya Uz.
Achango Wv.
Afiffi Vyz.
Akka Vz.
Akokoya Wv.
Akoa Vu.
Ankole Wz.
Awembe Yz.
Azande Uxyz.
Babengaye Vw.
Babinga Vv.

Babonga Wu.
Baboswa Yz.
Babuende Xv.
Bubumdo YZvw.
Bachila Yyz.
Bachilanghe XYxy.
Badia Ww.
Badjandi Vy.
Baura Wvw.
Bakalaï Wu.
Bakango Vy.
Bakebake Wv.
Bakete Xx.
Bakoko UVu.
Bakonde Zy.

Bakongo Xv.
Bakonio Vz.
Bakota Vv.
Bakuba Xx.
Bakumu Vy.
Bakuni WXuv.
Bakusu Wxy.
Balambe Yy.
Balamotvo Yy.
Balanda Yz.
Baloï Vw.
Balolo ou Mongo Ww,
[Vx, Wy.
Balobale Ywx, Zx.
Baluba Xxyz.

XV

LÉGENDE.

Mines de Cuivre et zone concédée.
Mines d'Étain et zone concédée.
Mines de Fer.
id.   Charbon.
id.   Or et Diamant.
id.   Manganèse.
id.   Calcaire.
Chemin de fer.

Echelle de 1 à 2 000 000

25   0   25   50   75 Kilomètres.

L. MOËRO

PLATEAU DE LA MANIKA

MONTS KUNDELUNGU

LUALABA

Ch. de Konde

Est de Greenwich

Kinda — Kapungu — Bukama — Lunamka — Mitumbwa — Pamusoi — Kilwa — Kasondo — Wulu — Chienzi — Mafungwa — Bombolo — Kikofo — Samba — Lufira — Kiube — Zongo — Tchafunguluta — Bebe — Kibua — Fungwa — Katumbai — Maliba — Ch. Djuo — Pakilia — Wamola — Wanawuli — Luwelcha — Kesongani — Sampwe — Gabila — Fundabiabo — Lufuhwa — Chwa — Musenza — Kamfwa — Kilomba — Mutonta — Pawinde — Katoro — Kam Wanga — Simba — Kapiri — Katumba — Kuro — Lofoi — Mulangalo — Busanga — Mutumba — Paluantobo — Katumba — Matawe — Talala — Kasenga — Kibanga — Bunkeya — Lukafu — Chinika — Kowa — Zilo — Ch.es Delcommune — Lulu — Katumba — Kamakema — Kabuenona — Fungurume — Mwachia — Mulenga — Kipaila — Kesekelua — Pungulume — Kulu-Kundi — Konka — Kakanda — Mutukwa — Chikali — Ruwe — Kanzuki — Kampia — KinKonkwa — Molulu — Chikofi — Chavonala — Dikuwe — Kahkeru — Mdebi — Kalabi — Tuti — Mululu — Kolwezi — Lueshempa — Lulungu — Kabolela — Sesa — KAMBOVE — Kalongwe — Katompi — Kabundi — Inguruwe — Kamatanda — Likasa — Kapolowo — Chonora — Lulua — Midinghi — Chinkolowa — Karowa — Lunchia — Kamwali — Kimbwe — Sakabinda — Chayanba — Kinsewere — Kiliambulu — Merwerbo — Mutumbwe — Kamfite — Chokuroche — Rookele — Lufunfu — Kinkambe — Lukange — Ditifu — Kipoi — Dikata — Tenke — Kafumasabo — Luiswiohi — Chiniama — Katchimba — Kiewa — Mutumbwana — Titichi — Misaho — Kurukurukli — Kimbimbi — Kakura — Kieua — Lukila — Kafunda — Kayonja — Kiewh — Étoile du Congo — Elisabethville — Kilonta — Chiwanda — Mutumbwisi — Mueofi — Mapimbe — Kaninga — Kilemba — Mussako — Kimpe — Mabaya — Muali — Kibue — Prevomato — Katumbai

BRUXELLES — Éch. 1:2 000 000

Balumbo Wu.	Budja Vx.	Muchikongo Xv.
Balunda Xw à Yy et Zx.	Bugwe Xz.	Mujolo Xv.
Bamba XYv.	Bulé Vu.	Mundu Vz.
Bambasa Vv.	Bunduru UVw.	Ndri Uw.
Bambu Vv.	Bwaka Uw.	Ndsimu Vvw.
Bambuba Vz.	Chinche Yw.	Njem Vv.
Bambundu Xwx.	Chuli Vz.	Nkomi Wu.
Bampende Xwx.	Dembo Yv.	Oba Wv.
Banano YZv.	Drugu Vz.	Obamba v. Mbété.
Bandjabi Wuv.	Fan ou Pahouins Wu à	Obongo Wu.
Bandja Ux.	Ganguela Zw. [Vv.	Ongomo Wv.
Bandziri Uwx.	Gobu Uw.	Ossyeba Vuv.
Bangala Ww,Vw,Vx,II.	Gola Yw.	Pahouins v. Fan.
Bangode WXw.	Gombe Vx	Penghe Wx.
Bangongo Xw.	Holo Yw.	Pororo Wz.
Bayankole VWz.	Ikela Wxy.	Quissama Yv.
Banza Vw.	Jinga Xw.	Ruanda Wz.
Bapoto Vx.	Karagwe Wz.	Samba Yy.
Baramba Zz.	Kawandi Zy.	Sango Vx.
Bari UVz.	Kioko XYx.	Tchobe Ww.
Barumbe Xz.	Kundu Wwx.	Tikki-tikki Vz.
Basanga Yy.	Kuruma Uvw.	Tomba Ww.
Basatu Ww.	Lessa Wwx.	Topohe Vx.
Basenghe Ww.	Loali Vy.	Toro Vz.
Basoko Vxy, II.	Loango Xv.	Turumbu Vy.
Basonghe Xy.	Lokeli Vy.	Ufipa XYz.
Basongo Wx.	Lukengo Xx.	Unyoro Vz.
Basundi Xv.	Lulua Xx.	Urundi WXz.
Bateke Wv, Ww, Xw.	Mabodo Vy.	Urungu Wu.
Batetela Xxy.	Madi Vz.	Ussense Xz.
Batopo Vx.	Mahongo Yv.	Uwinsa Xz.
Batua ou Watwa Wx.	Maka Uv.	Vachioko YZw.
Batumbwe Xz.	Mangbattu Vz.	Vuanyema Xyz.
Bavili Wu.	Marimba Xv.	Wabembe Yz.
Bayaeli Uv.	Massango Wv.	Waghenia Wy.
Bayaga Vv.	Mayumbe Xv.	Waholoholo Xyz.
Bayaka Xw.	Mbété ou Obamba Wv.	Waïtawa Yz.
Bayandzi Ww.	Mboto VWv.	Walese Vz.
Bayeke Yy.	Missanga Vvw.	Wambutti Vz.
Bayombe Wx.	Mitemu Vu.	Wanande VWz.
Benimurungu Xz.	Mobali Vy.	Wanjamwesi Wz.
Bobondi Uu.	Mogula Vxy.	Warega Wy.
Bode Ww.	Mokuma Wy.	Warundi Wz.
Bokota Wv.	Momvu Vz.	Wassenga Zz.
Bolano Wwx.	Mondunga Vx.	Watembe Yyz.
Bolongo Vw.	Mongandu Vx.	Watwa v. Batua.
Bomome Vvw.	Monghelima Vy.	Wavira Wz.
Bondjo Vw.	Mongo v. Balolo.	Wazimba Wy.
Bongo UVx.	Mongwandi Vx.	Yemaka Wy.
Bubu Ux.	Moru Uz.	Yanghi Wx.

PAYS, DISTRICTS, LACS, MONTAGNES, ETC.

Afrique équatoriale allemande   VII, XI, XII, XVI Vir.
Albert-Nyanza, Dweru Dk, Ek, III, VI, XVI Ruwenzori.
Angola, possession portugaise   VII, VIII, XII, XIII.
Bahr-el-Ghazal, protectorat anglais   X.
Baie de Biafra   III.
Baie de Lobito   III.
Cabinda, possession portugaise   VII, XIV.
Cap Lopez   III.
Chaudron d'Enfer   XVI Matadi.
Chenal Kasinga   XVI Ruwenzori.
Chutes de Konde   Qq.
Chutes Delcommune   Rq.
Chutes Djuo   Qs.
Chutes Murchison   Dk.
Chutes Wissmann   Hf.
Congo français   VII, VIII, IX, X, XIV.
Crique des Belges   XVI Matadi.
District de l'Aruwumi (en entier),   VII, XI.
District de l'Equateur   VII, IX.
District de l'Ubanghi   VII, IX.
District de l'Uele   VII, X.
District des Bangala   VII, IX.
District de Stanleyville   VII. XI.
District du Bas-Congo   VII, VIII.
District du Kassaï   VII, XIII.
District du Katanga   VII, XII.
District du Kwango   VII, VIII.
District du Lac Léopold II   VII, VIII.
District du Moyen-Congo   VII, VIII.
Dweru   v. Albert Nyanza.
Extrême Source du Congo   Jl.
Extrême Source du Nil   Gj.
Falaise de Kaba   XVI Matadi.
Fetish Rock   XIV Estuaire.
Gabon   Estuaire, III.
Ile Bamu   Mp.
Ile Bulicoco, XIV Estuaire.
Ile de Limonda Kete   XVI Boma.
Ile Mateba   XIV Estuaire, XVI Boma.
Ile des Oiseaux   XIV Estuaire.
Kalenguili, mont.   XVI Ruwenzori.
Kalevi, mont.   XVI Ruwenzori.
Kamerun, possession allemande   VII, IX.
Karangora, mont.   XVI Ruwenzori.
Karissimbi, mont.   Fj, XVI Vironga.
Katanga, pays   III, XV.
Kibuga, mont.   XVI Ruwenzori.
Lac Albert   v. Albert Nyanza.
Lac Bangwelo   Kj, Kk, III.
Lac Edouard   Fj, III, XVI Ruwenzori.
Lac Georges   III, XVI Ruwenzori.

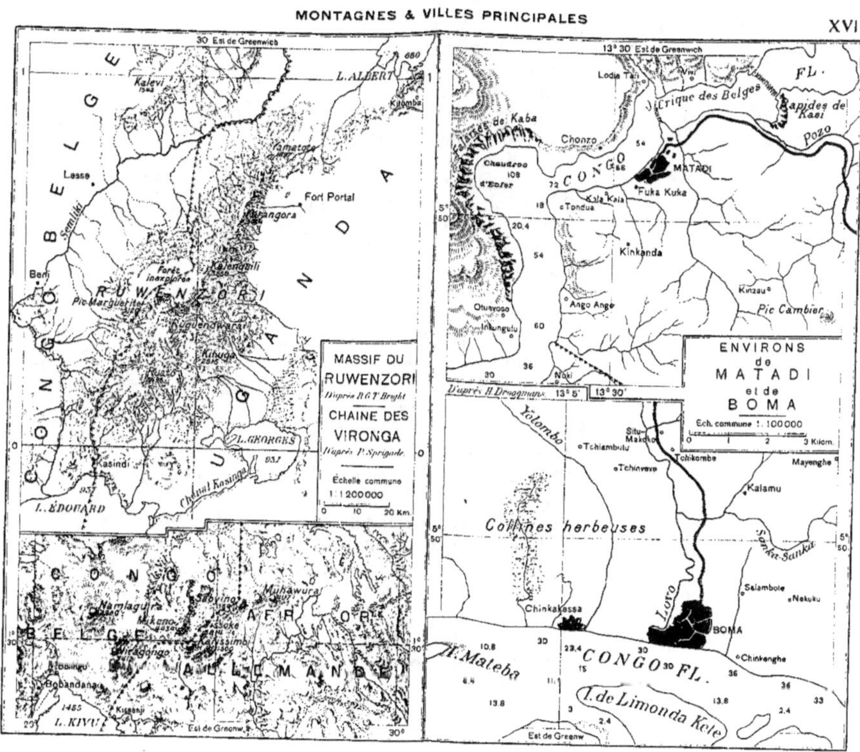
30 Est de Greenwich
L. ALBERT
680
Kilomba
Kalévi
Lasse
Lamatara
Fort Portal
Mirangora
Beri
Kalengoili
RUWENZORI
Forêt inexplorée
Pic Marguérite
Kugwendwara
Kituga
BELGE
CONGO
OUGANDA
L. GEORGES
931
Kasindi
Chenal Kasinga
L. EDOUARD
MASSIF DU
RUWENZORI
D'après R.G.T. Bright
CHAINE DES
VIRONGA
D'après P. Sprigade.
Échelle commune
1 : 1 200 000
0   10   20 Km.
CONGO
AFR. OR.
Namlagira
Sabyinon
Muhawura
Mikeno
Karissimbi
Bobandana
Virodongo
Kissanji
1485
L. KIVU
BELGE
ALLEMANDE
10°   30°
Est de Greenw.
13° 30 Est de Greenwich
Lodia Tali
Vivi
FL.
Crique des Belges
Rapides de
Kasi
Chonzo
Pozo
Gorges de Kaba
Chaudron
108
d'Enfer
CONGO
MATADI
Fuka Kuka
Kala Kala
Tondua
72
18
20.4
54
Kinkanda
Kinzau
Pic Cambier
Otuayoso
Inkungutu
60
Noki
36
30
D'après H. Droogmans   13° 5'   13° 30'
ENVIRONS
de
MATADI
et de
BOMA
Ech. commune 1 : 100 000
0   1   2   3 Kilom.
Yolombo
Situ-
Makako
Tchiambulu
Tchikombe
Mayenghe
Tchinreve
Kalamu
Collines herbeuses
Sanka-Sankit
Chinkakassa
Loro
Salambole
Nekuku
BOMA
Chinkenghe
R. Mateba
23.4
CONGO FL.
15
10.8
30
30
36
36
6.4
11.
I. de Limonda Kole
13.8
13.8
33
3
2.4
2.4
Est de Greenw.

Lac Kioga   El.
Lac Kivu   Fj, Gj, III, XVI Vironga.
Lac Léopold II   Fe, Ge, III, VI.
Lac Mazingo   Fk
Lac Moëro   Jj, Qt, III, VI.
Lac Mohasi   Fk.
Lac Nyassa   v. Nyassa.
Lac Rukwa   Jl.
Lac Tanganyika   v. Tanganyika.
Lac Tumba   Fd, Fe, III.
Lac Uriji   Gk.
Lac Victoria   v. Victoria Nyanza.
Lunda, pays   III.
Manyemba, pays   III.
Mayumbe, pays   III, XIV.
Mikeno mont.   XVI Vironga.
Monts Achango   III.
Monts Hakannson   III.
Monts Kundelungu   III, XV.
Monts Mitumba   III.
Monts Muchinga   III.
Muhawura, mont.   XVI Vironga.
Namlaguira, mont.   XVI Vironga.
Niragongo, mont.   XVI Vironga.
Nyassa, lac   Jl à Lb.
Océan Atlantique   III, IV, V, VI, VII, VIII.
Pic Cambier   XVI Matadi.
Pic Marguerite   XVI Ruwenzori.
Plateau de la Manika   XV.
Plateau des Grands Lacs   III.
Pointe Padron   XIV Estuaire.
Pointe Shark   XIV Estuaire.
Portes d'enfer   Hi.
Protectorat anglais, Bahr-el-Ghazal et Uganda.   X, XI.
Rapide de Kasi   XVI Matadi.
Région minière du Katanga   V, XV.
Rhodésie, possession anglaise   VII, XII.
Rio Muni, possession espagnole   VII.
Ruato, mont.   XVI Ruwenzori.
Ruguendwara, mont   XVI Ruwenzori.
Ruwenzori, mont.   Ej, III, XVI.
Sabyino, mont.   XVI Vironga.
Stanleypool, lac   Hc, Mp, III.
Tanganyika, lac.   Gj à Jk, III, VI.
Uganda, possession anglaise   VII, X, XI, XVI Ruwen.
Ukerewe   v. Victoria.
Urua, pays   III.
Victoria-Nyanza, Ukerewe   Fl, III, VI.
Vironga, mont.   III, XVI.
Vissoke, mont.   XVI Vironga.
Wissmann Pool, lac   Gd, III.
Yamatote, mont.   XVI Ruwenzori.

EXTRAIT DU CATALOGUE

DE WILDEMAN (E.), Docteur en sciences naturelles, Directeur du Jardin botanique de l'État, à Bruxelles, Professeur au cours colonial de l'École d'horticulture de l'État, à Vilvorde, **Les Plantes tropicales de grande culture.**

Tome I. – Caféier — Cacaoyer — Colatier — Vanillier · Bananier.

Un vol. in-8° (28 × 19 cm.) de 398 pages, illustré de 64 clichés photographiques dans le texte et 22 grandes planches hors texte, imprimé sur beau papier glacé . . . . fr. **10.00**

— Sciences biologiques et colonisation.

Une broch. in-8° de 48 pages . . . . fr. **2.00**

NOTRE COLONIE. — LE CONGO BELGE.

Un vol. in 4° (25 × 33 cm.) de 148 pages, illustré de plus de 257 vues photographiques, couverture artistique en couleurs . . . . fr. **3.50**

DURAND (TH.), de l'Académie royale des Sciences de Belgique, et DURAND (HÉLÈNE) membre de la Société royale de botanique de Belgique, **Sylloge Floræ Congolanæ.** (*Phanerogamæ.*)

Un vol. in-8° de 732 pages . . . . fr. **15.00**

Ouvrage couronné par l'Académie royale de Belgique (Prix Emile Laurent.)

— Cartes murales du Congo belge, pour l'enseignement de la géographie dans les écoles, mesurant 1 m. 10 sur 95 centimètres. Ces cartes imprimées en couleurs sont *parlantes* d'un côté et *muettes* au verso.

Carte I. — Congo physique et administratif.
Carte II. — Congo physique.
Carte III. — Congo économique.
Carte IV. — Congo des voies de communication.